सभी धर्मों का सार

नीलेश कुमार अग्रवाल

Copyright © Nilesh Kumar Agarwal
All Rights Reserved.

This book has been published with all efforts taken to make the material error-free after the consent of the author. However, the author and the publisher do not assume and hereby disclaim any liability to any party for any loss, damage, or disruption caused by errors or omissions, whether such errors or omissions result from negligence, accident, or any other cause.

While every effort has been made to avoid any mistake or omission, this publication is being sold on the condition and understanding that neither the author nor the publishers or printers would be liable in any manner to any person by reason of any mistake or omission in this publication or for any action taken or omitted to be taken or advice rendered or accepted on the basis of this work. For any defect in printing or binding the publishers will be liable only to replace the defective copy by another copy of this work then available.

यह पुस्तक 'सभी धर्मों का सार' समर्पित है उन सभी लोगों को जो सभी धर्मों को एकसमान सम्मान देते है। जिन्हे ईश्वर की बनायीं इस दुनिया पर यह विश्वास है की हर इंसान में कहीं ना कहीं भगवान् बस्ता है। यह पुस्तक उन सभी के लिए एक मार्गदर्शक का कार्य करेगी जिन्होंने अपने जीवन में सभी धर्मों का आदर करना नहीं सीखा है। मुझे आशा है की लोगों की सोच को और लोगों के विभिन्न धर्मों को लेकर जो प्रश्न है, उनके उतार देने में यह पुस्तक कुछ हद तक सहायक होगी।

धन्यवाद!

क्रम-सूची

क्रम-सूची

भूमिका   vii

  1. सभी धर्मों का सार

भूमिका

मनुष्य जब इस संसार में आता है तब उसे कुछ पता नहीं होता, उसे उसके माँ-बाप, रिश्तेदार, दोस्त, अध्यापक आदि। जो कुछ सीखा देते है वहीं ज्ञान उसे जीवन जीने की दिशा देता है। किन्तु वह ज्ञान कितना सही है और कितना गलत, इसका फैसला कैसे हो? इसका फैसला होता है ईश्वर द्वारा रचित ग्रंथों से। आप किसी भी धर्म को क्यों न चुने, इससे कोई फर्क नहीं पड़ता। क्यूंकि कोई भी धर्म आपस में लड़ना, झगड़ना या किसी को तकलीफ देना नहीं सिखाता। किन्तु मनुष्य को इसका ज्ञान लोगों से मिलता है, वह लोग जिन्होंने शायद उन ग्रंथों को ठीक तरीके से पढ़ा नहीं या समझा नहीं। इसीलिए यदि आपको जीवन को समझना है तो उससे पहले अपने ग्रंथों को खुद पढ़े और उसे समझने की कोशिश करें, की ईश्वर आपसे क्या कहना चाहते है। यह इस प्रकार होगा जैसे आजकल की दुनिया में किसी खेल के नियम होते है। यदि आपको नियम नहीं पता होंगे तो क्या आप उस खेल को सही तरीके से खेल पाएंगे, नहीं।

अब सवाल यह आता है की हमें कोन से ग्रन्थ पढ़ने चाहिए या किस धर्म को स्वीकार करना चाहिए। इसका उत्तर है की आपको सभी ग्रंथों को पढ़ना चाहिए और सभी धर्मों को समझना चाहिए। जिस प्रकार किसी मंज़िल तक पहुँचने के रास्ते अलग-अलग हो सकते है किन्तु सबकी मंज़िल तो एक ही है। हर धर्म स्वतंत्रता, समानता और भाईचारा सिखाता है। हर धर्म यही कहता है की इस संसार में धर्म कोई भी हो बस कर्म अच्छे होने चाहिए। ईश्वर एक वृक्ष है, जिसकी अलग-अलग टहनी को धर्म का रूप दे दिया है। हर टहनी यानि हर धर्म से कुछ पत्ते यानी लोग निकलते है। किन्तु हर टहनी यह

भूल जाती है की उसकी जड़ एक ही है, उसके उत्पन्न हुए पत्ते भी एक जैसे ही है। जो मनुष्य इस बात को समझ पाता है, वह सदैव जीवन में सफलता प्राप्त करता है। यही कारण है की संसार में केवल कुछ ही लोग कामयाब हो पाते है, क्यूंकि वह अपने ग्रंथों का पूरा ज्ञान रखते है।

इस पुस्तक में मैंने कुछ ऐसी बातों को शामिल किया है जो मुझे, वेद, पुराण, कुरान, बाइबिल, और अन्य धर्मों के ग्रंथों से प्राप्त हुई है। इस पुस्तक में वह सभी बातें शामिल है जो सभी धर्मों में एक समान है। जो हर मनुष्य को एक बेहतर इंसान बनने के साथ-साथ, इस संसार के नियमों से मनुष्य को अवगत कराती है।

1

सभी धर्मों का सार

हर धर्म यही कहता है की इस संसार में मनुष्यों को यह समझना चाहिए की माचिस किसी दूसरी चीज़ को जलाने से पहले खुद को जलाती है, इसी तरह क्रोध करने वाला पहले स्वयं को बर्बाद करता है फिर दूसरे को।हर धर्म यही कहता है की मानव जीवन में हर मनुष्य के जीवन काल में अच्छा और बुरा समय निश्चित होता है। बस समझना यह होता है की कौन सा समय पहले आया है।

हर धर्म यही कहता है की मानव जीवन में यदि प्यार और उपहार देने पर बात आये तो हर कोई झुक जाता है, चाहे वह बेज़ुबान ही क्यों ना हो।

हर धर्म यही कहता है की मानव जीवन में जीवन काल में सभी का एक ही अनुभव रहता है। यदि अच्छे लोग सही के लिए नहीं लड़ते तो जीत हमेशा बुरे लोगों की होती है क्यूंकि वो उसके लिए लड़ते है।

❧

हर धर्म यही कहता है की मानव जीवन में सम्मान केवल उसी को देना चाहिए जो सम्मान पाने के लायक हो, हैसियत के हिसाब से सम्मान देना कायरता की निशानी है।

❧

हर धर्म यही कहता है की जो मनुष्य किसी भी असंभव कार्य को संभव कर पाने में सक्षम होता है, वही व्यक्ति असल मायने में कुशल है।

❧

हर धर्म यही कहता है की, हर मनुष्य का आंकलन उसकी काबिलियत द्वारा किया जाना चाहिए, ना की उसके पद द्वारा।

❧

हर धर्म यही कहता है की मनुष्य को उसके धर्म ग्रन्थ का पूरा ज्ञान होना उतना ही आवश्यक है जितना साँस लेना। इसीलिए अपने धर्म का पूरा ज्ञान रखें और सभी धर्मों का सम्मान करें।

❧

हर धर्म यही कहता है की एक मनुष्य को दूसरे मनुष्य का आंकलन तभी करना चाहिए जब वह स्वयं परिपूर्ण हो। अन्यथा हर युग में अपूर्णता तो सदा विनाश का कारण बनी है।

❧

हर धर्म यही कहता है की एक मनुष्य के सिर्फ सकरात्मक विचारों को पढ़ने मात्र से उसके जीवन या समाज में परिवर्तन नहीं आता। यदि वह परिवर्तन लाना चाहता है तो उसे उन विचारों पर चलना भी होगा।

❧

हर धर्म यही कहता है की एक मनुष्य के जीवन में उसके अनुभव से बड़ा कोई दूसरा मित्र नहीं। अनुभव हीरे की तरह मनुष्य को तराशता है। बिना अनुभव वह केवल कोयला है।

❧

हर धर्म यही कहता है की एक मनुष्य को अपने जीवन में बिना स्वार्थ दूसरों का भला करना चाहिए, तभी ईश्वर उसका साथ देते है और उसकी सभी उलझनें सुलझाते है।

❧

हर धर्म यही कहता है की एक मनुष्य को ज्ञान या तो किताबों से प्राप्त हो सकता है या फिर उसकी ज़िन्दगी के बीतते वक़्त से।

❧

हर धर्म यही कहता है की मानव जीवन में किसी के भी द्वारा, आपके समक्ष कितनी ही बड़ी से बड़ी समस्या क्यों ना उत्पन्न की गयी हो किन्तु कोई भी समस्या का समाधान आपके ईश्वर के पास ना हो, ऐसा कभी नहीं हो सकता।

❦

हर धर्म यही कहता है की मानव जीवन में धर्म केवल उस मनुष्य को रास्ता दिखाने का कार्य करता है, उसकी मंज़िल तक पहुँचाने का कार्य उसके द्वारा किये कर्म निर्धारित करते है।

❦

हर धर्म यही कहता है की मानव जीवन में कुछ भी हासिल करना बहुत सरल है, किन्तु सरल होना और रहना बहुत कठिन है।

❦

हर धर्म यही कहता है की मनुष्य चाहे कितनी भी कोशिश कर ले लेकिन वह अपने प्रति लोगों की धारणाओं को खुद हमेशा के लिए कभी नहीं बदल सकते, वह समयानुसार अपने आप बदलती रहेगी। इसीलिए अपने जीवन को सुकून से जिए और सदैव प्रसन्न रहे।

❦

हर धर्म यही कहता है की मनुष्य अपने जीवन में उसकी तारीफ करने वालो को आसानी से पहचान सकता है किन्तु फ़िक्र करने वालों को पहचानना बहुत मुश्किल होता है।

❧

हर धर्म यही कहता है की मनुष्य को अपने जीवन में उनसे कभी घृणा नहीं करनी चाहिए जो आपसे जलते है, क्यूंकि वह लोग वो है जो यह मान चुके है की आप उनसे बेहतर है।

❧

हर धर्म यही कहता है की मनुष्य को अपने शब्दों की सुंदरता का ध्यान रखना चाहिए क्यूंकि लोग चेहरे की सुंदरता भले ही भूल जाए किन्तु शब्दों क कभी नहीं भूलते।

❧

हर धर्म यही कहता है की मनुष्य को यह समझना चाहिए की प्रेम वह बंधन है जो आपके लिए सारे जगत के बंधनो को बाँधने की क्षमता रखता है किन्तु स्वयं किसी बंधन में नहीं बंधता। यहाँ तक की ईश्वर भी स्वयं उसके बंधन से मुक्त नहीं हो सकते।

❧

हर धर्म यही कहता है की मानव जीवन में अच्छे और बुरे दोनो लोग खुशियाँ और तजुर्बा लेकर आते है। इसीलिए कभी किसी को दोष नहीं देना चाहिए।

❧

हर धर्म यही कहता है की मानव जीवन में समर्पण करना मुश्किल नहीं है, बल्कि मुश्किल तोह उस उस व्यक्ति को ढूँढना है, जो आपके समर्पण की कद्र करें।

୧୭

हर धर्म यही कहता है की मनुष्य के जीवन में उसके अनुमान भले ही गलत हो, लेकिन उसके अनुभव कभी गलत नहीं हो सकते क्यूंकि अनुमान हमारे मन की केवल कल्पना मात्र है किन्तु अनुभव हमारे जीवन की सीख है।

୧୭

हर धर्म यही कहता है की मनुष्य के जीवन में सब्र और सहनशीलता उसकी कमजोरी नहीं बल्कि एक ऐसी ताक़त होती है, जो सबमें नहीं होती।

୧୭

हर धर्म यही कहता है की मनुष्य जन्म से केवल शून्य की भाँती होता है, उसकी योग्यताएँ तो उसके कर्मों द्वारा पैदा होती है।

୧୭

हर धर्म यही कहता है की मानव जीवन में उसके आस-पास चक्रव्यूह रचने वाले और कोई नहीं बल्कि हमेशा उसके अपने ही होते है।

୧୭

हर धर्म यही कहता है की प्रत्येक व्यक्ति के जीवन में सूर्योदय उसे यह बताता है की अन्धकार चाहे कितना भी गहरा हो, लकिन उजाले को होने से कोई नहीं रोक सकता।

❧

हर धर्म यही कहता है की प्रत्येक व्यक्ति जब अपनी परिस्थिति को स्वीकार लेता है, तब वही परिस्थिति उसके सुख का कारण बन जाती है।

❧

हर धर्म यही कहता है की प्रत्येक व्यक्ति को उसके जीवन में वह नहीं मिलता जो उसे चाहिए होता है, बल्कि उसे वह मिलता है जिसके वह काबिल होता है।

❧

हर धर्म यही कहता है की प्रत्येक व्यक्ति अगर ज़रूरत से ज़्यादा सोचता है तो वह अपनी खुशियों से खुद दूर होने लगता है।

❧

हर धर्म यही कहता है की प्रत्येक मनुष्य के जीवन में उसका समय कितना ही कठिन क्यों ना हो, लेकिन उसके आस-पास कुछ ना कुछ ऐसा ज़रूर होता है, जो उसकी कामयाब होने की गुंजाइश को हमेशा पूरा कर सकता है।

∽

हर धर्म यही कहता है की प्रत्येक मनुष्य को समझना चाहिए की विभिन्न भाषाओं का अनुवाद तो मुमकिन है, परन्तु विभिन्न भावनाओं का कोई अनुवाद नहीं होता, उन्हें केवल समझा जा सकता है।

∽

हर धर्म यही कहता है की प्रत्येक मनुष्य अगर दूसरों की ख़ुशी में अपनी ख़ुशी ढूंढने लग जाए तो वह आने जीवन में कभी दुखी नहीं हो सकता।

∽

हर धर्म यही कहता है की प्रत्येक मनुष्य को हमेशा दूसरों का साथ देना चाहिए, क्यूंकि पता नहीं मानव जीवन में कब कौनसा पुण्य, उसके काम आ जाए।

∽

हर धर्म यही कहता है की प्रत्येक मनुष्य को हमेशा ईश्वर उसे उसके भाग्य से अधिक देते है, जिसका उद्देश्य सही होता है।

∽

हर धर्म यही कहता है की मानव जीवन में मनुष्य तभी कुछ इकठ्ठा कर सकता है, जब वह बाँटना जानता हो।

❧

हर धर्म यही कहता है की मानव जीवन में मनुष्य अगर अपना व्यक्तिगत शून्य रखें, तोउसमें कभी कोई भी कुछ नहीं घटा सकेगा और जिसके साथ वह मनुष्य खड़ा हो जायेगा उसकी कीमत अपने आप दस गुना बढ़ जाएगी।

❧

हर धर्म यही कहता है की मनुष्य के अनुभव उसे गलत फैसलों से बचाते ज़रूर है, लेकिनउसके अनुभव आते भी गलत फैसलों से ही है।

❧

हर धर्म यही कहता है की मनुष्य के जीवन में उसके लिए सबसे महंगी चीज़ होती है, सुकून।

❧

हर धर्म यही कहता है की इस धरती पर कोई भी जीव हो, उसके आँसू केवल तभी बाहर आते है जब उसके दिल में बहुत सारा दर्द भरा हो।

❧

हर धर्म यही कहता है की मनुष्य के जीवन में उसका सबसे अच्छा मित्र उसका आत्मविश्वास होता है।

❧

हर धर्म यही कहता है की मनुष्य को एक सुई द्वारा यह समझना चाहिए की वह किस प्रकार कपड़े पर चलकर उसे सिलती है, क्यूंकि ज़रूरी नहीं की हर चुबने वाली चीज़ का मकसद बुरा हो।

❧

हर धर्म यही कहता है की मनुष्य को यह ध्यान रखना चाहिए की वह यह कोशिश करें ना करें की कोई उसे अच्छा कहे, लेकिन यह कोशिश ज़रूर करें की कोई उसे बुरा ना कहे।

❧

हर धर्म यही कहता है की मानव जीवन में मनुष्य को यह स्मरण रखना चाहिए की जब तक उसकी आस्था ईश्वर में है, तब तक उसकी हर उलझन में एक रास्ता है।

❧

हर धर्म यही कहता है की मनुष्य को यह स्मरण रखना चाहिए की यदि बीमार इंसान को ठीक करना है तो खिचड़ी को बर्तन में पकाये, क्यूंकि यदि खिचड़ी दिमाग में पकाओगे तो वह इंसान को बीमार कर देगी।

❧

हर धर्म यही कहता है की मनुष्य को हमेशा शांत रहना चाहिए, चाहे कोई कुछ भी बोले, क्यूंकि धूप चाहे कितनी ही तेज़ क्यों ना हो जाए, लेकिन वह समुन्द्र को कभी नहीं सूखा सकती।

॰

हर धर्म यही कहता है की मानव जीवन में जो मनुष्य जीतता है वो हार भी सकता है, लेकिन जो दूसरों के दिलों को जीतता है उसे हरा पाना मुश्किल है।

॰

हर धर्म यही कहता है की मनुष्य अगर अपने जीवन की मुश्किलें काम करना चाहता है तो उसे अपनी आवश्यकताओं और इच्छाओं के बीच का अंतर समझना होगा।

॰

हर धर्म यही कहता है की इस संसार में उस इंसान को हराना बहुत मुश्किल है, जिसे ठोकरों ने चलना सिखाया हो।

॰

हर धर्म यही कहता है की इस संसार में मनुष्य के लिए सबसे कीमती नींद, शांति, हवा और साँसें है। और उसे यह निशुल्क प्राप्त होती है, फिर भी वह इसकी कद्र नहीं करता।

◗∽

हर धर्म यही कहता है की इस संसार में मनुष्य को अपनी ज़िन्दगी में किन चीजों को नजरअंदाज करना है, अगर वह यह जान ले तो उसे कामयाब होने से कोई नहीं रोक सकता।

◗∽

हर धर्म यही कहता है की इस संसार में जिस मनुष्य को अपने भविष्य का भय नहीं होता, केवल वही मनुष्य अपने वर्तमान का सर्वश्रेष्ठ आनंद उठा सकता है।

◗∽

हर धर्म यही कहता है की इस संसार में मनुष्य अगर अच्छे लोगों की तलाश करने की जगह खुद को अच्छा बना ले, तो शायद उससे मिलकर किसी और की तलाश पूरी हो जाए।

◗∽

हर धर्म यही कहता है की इस संसार में केवल वही मनुष्य जवान है जो सीखता रहता है, चाहे वह बूढ़ा ही क्यों ना हो। और हर वह इंसान बूढ़ा है जो सीखना छोड़ देता है, चाहे वह जवान ही क्यों ना हो। मनुष्य को अपने जीवन में अपने दिमाग़ को हमेशा जवान रखना चाहिए।

◗∽

हर धर्म यही कहता है की इस संसार में मनुष्य के लिए सबसे कठिन काम है स्वयं का आंकलन करना, स्वयं को पढ़ने में उत्तीर्ण होने के लिए उसे निरंतर प्रयास करते रहना चाहिए।

❦

हर धर्म यही कहता है की इस संसार में यदि मनुष्य को सुखी रहना है तो, उसे उसकी शिकायतों में कमी लानी होगी। अन्यथा जितनी अधिक शिकायतें होंगी, उतना अधिक वह दुखी रहेगा।

❦

हर धर्म यही कहता है की मानव जीवन में मनुष्य को अपनी शोहरत पर अभिमान नहीं करना चाहिए, क्यूंकि उसके अंतिम वक़्त में उसे किसी के सहारे की ज़रूरत पड़ती है।

❦

हर धर्म यही कहता है की मानव जीवन में मनुष्य को समझना बहुत आवश्यक है की पहचान से मिला काम कम समय के लिए ही चलता है, लेकिन काम से मिली पहचान ज़िंदगी भर रहती है।

❦

हर धर्म यही कहता है की इस संसार में मनुष्य के लिए उसकी परवरिश और उसके संस्कार बहुत मायने रखते हैं, सिर्फ़ पढ़ लिख लेने से कोई इंसान नहीं बनता।

❦

हर धर्म यही कहता है की इस संसार में मनुष्य के जीवन में उसे बुरे कर्म करने नहीं पड़ते, हो जाते हैं और इसी प्रकार अच्छे कर्म होते नहीं बल्कि मनुष्य को खुद करने पड़ते हैं।

❧

हर धर्म यही कहता है की इस संसार में मनुष्य परिवर्तन की सोच द्वारा ही ऊँचाइयों तक पहुँच सकता है, प्रतिशोध से केवल वह स्वयं के लिए बाधा उत्पन्न करता है।

❧

हर धर्म यही कहता है की व्यक्ति को यह स्मरण रखना चाहिए की अरमान सिर्फ़ उतने ही अच्छे हैं, जिनमें स्वाभिमान गिरवी रखने की ज़रूरत ना पड़े।

❧

हर धर्म यही कहता है की व्यक्ति को यह भरोसा रखना चाहिए की ईश्वर के द्वारा किये गए फैसले हर मनुष्य की ख्वाहिशों से बेहतर होते हैं।

❧

हर धर्म यही कहता है की मनुष्य को अगर जीवन समझना है तो उसे पीछे देखना होगा यानि भूतकाल में और यदि जीवन जीना है तो आगे यानि अपने भविष्य की ओर देखना होगा।

❧

हर धर्म यही कहता है की मनुष्य को अपने जीवन में यह ध्यान रहे, की जिस प्रकार हवाएँ मौसम का रुख बदल देती हैं, उसी प्रकार दुआएँ मुसीबत का रुख बदल देती है।

❧

हर धर्म यही कहता है की मनुष्य को अपने जीवन में यह ध्यान रहे, की उसे मिला जीवन भाग्य की बात है, उसकी मृत्यु होना समय की बात है, किन्तु मृत्यु के बाद भी लोगों के दिलों में जीवित रहना ये कर्मों की बात है।

❧

हर धर्म यही कहता है की मनुष्य का जीवन उसी दिन से समाप्त होना शुरू हो जाता है, जिस दिन मनुष्य उन मुद्दों पर चुप्पी साध लेते हैं, जो उसके जीवन के लिए मायने रखते हैं।

❧

हर धर्म यही कहता है की मनुष्य को जीवन में सब्र रखना चाहिए, क्यूंकि वक़्त हर किसी का आता है। जिस प्रकार पंचांग हमेशा तारीख़ को बदलता है, पर एक दिन ऐसी तारीख़ भी आती है, जो उस पंचांग को ही बदल देती है।

❧

हर धर्म यही कहता है की मानव जीवन में भले ही झूठे व्यक्ति की ऊँची आवाज़ सच्चे व्यक्ति को चुप करा दे, परंतु सच्चे व्यक्ति का मौन सदा झूठे व्यक्ति की जड़ें हिला देता है।

❧

हर धर्म यही कहता है की संसार में मनुष्य का हार जाना ग़लत नहीं है, किन्तु हार मानना ग़लत है।

❧

हर धर्म यही कहता है की मनुष्य का व्यव्हार सुई की भांति होना चाहिए, कैंची की भाँती नहीं क्यूंकि सुई 2 को एक करने का कार्य करती है, और कैंची 1 को 2 करने का कार्य करती है।

❧

हर धर्म यही कहता है की मनुष्य को सदा यह स्मरण रखना चाहिए की जैसे आपके मित्र होंगे, वैसा ही आपका भविष्य भी होगा, इसीलिए सोच समझकर और देख परखकर मित्रों का चयन करें।

❧

हर धर्म यही कहता है की मनुष्य को सदा यह स्मरण रखना चाहिए की समय का दुरूपयोग ना करें क्यूंकि समय के पास भी इतना समय नहीं है, कि वो किसी को भी दोबारा समय दे सके।

❦

हर धर्म यही कहता है की मानव जीवन में यदि मनुष्य अणि ज़िन्दगी को समझ ले तो उसके अकेले जीवन में मेला है, और ना समझ पाए तो उसके मेले में भी वह अकेला है।

❦

हर धर्म यही कहता है की मनुष्य अगर अपने मन की बातें कह दे तो फैसले हो जाते हैं, किन्तु यदि वह उन्हें मन में रखें तो फ़ासले हो जाते हैं।

❦

हर धर्म यही कहता है की मनुष्य को माफ़ करना सीखना चाहिए क्यूंकि वह खुद अपने भगवान् से यही उम्मीद रखता है।

❦

हर धर्म यही कहता है की मनुष्य के संबंध बड़ी-बड़ी बातें करने से नहीं, छोटे-छोटे भाव को समझने से गहरे होते हैं। आईने की कीमत भले ही हीरे से कम हो, पर हीरे के गहने पहनने के बाद हर कोई खोजता आईना ही है।

❧

हर धर्म यही कहता है की इस संसार में मनुष्य केवल इसीलिए हार जाता है क्यूंकि वह चलना छोड़ देता है, इसके विपरीत समय है। क्यूंकि धूप हो या छाँव हो, काली रात हो या बरसात हो, चाहे कितने भी बुरे हालात हों, समय हमेशा चलता रहता है। इसलिए समय जीत जाता है, अगर मनुष्य भी समय की तरह चलता रहेगा तो वह भी कभी नहीं हारेगा।

❧

हर धर्म यही कहता है की इस संसार में किसी भी मनुष्य के जीवन में जब समय करवट लेता है तो वह बाजियां ही नहीं बल्कि उस मनुष्य की पूरी ज़िंदगी पलट देता है।

❧

हर धर्म यही कहता है की इस संसार में कोई मनुष्य तब तक खुश नहीं रह सकता जब तक उसके जीवन में खुश रहने से ज़्यादा, खुश दिखना ज़्यादा आवश्यक है।

❧

हर धर्म यही कहता है की इस संसार में व्यक्ति का सबसे अच्छा दोस्त उसका ज़मीर होता है, जो अच्छी बातों पर शाबाशी देता है और बुरी बातों पर उसे झंझोरता है।

❧

हर धर्म यही कहता है की इस संसार में व्यक्ति का यह जानना जरूरी है कि उसके लिए उसके जीवन में सबसे महत्वपूर्ण क्या है? अगर मनुष्य यह जान ले तो फिर कठिन परिस्थितियों में भी उन चीजों को हासिल कर सकता है।

❧

हर धर्म यही कहता है की मनुष्य अपने जीवन में कर्म की गठरी बाँध के घूमता रहता है, इसीलिए जैसा वह करता है, वैसा भरता है और यही विधि का विधान भी है।

❧

हर धर्म यही कहता है की मनुष्य यदि सुबह नींद खुलते ही किसी लक्ष्य को लेकर उत्साहित नहीं हैं, तो वह मनुष्य जी नहीं रहे हैं, केवल जीवन काट रहे हैं।

❧

हर धर्म यही कहता है की इस संसार में मनुष्य को यह स्मरण रखना चाहिए की उसे अपना जीवन कितना ही कठिन क्यों ना लगे, किन्तु वह हमेशा कुछ ना कुछ कर सकता हैं और उसमें सफल हो सकता हैं।

◌◠◌

हर धर्म यही कहता है की इस संसार में मनुष्य को अपनी नज़र हमेशा उस चीज पर रखनी चाहिए जिसे वह पाना चाहता है, किन्तु मनुष्य इसका उल्टा करता है वह अपनी नज़र उस चीज़ पर रखता है जिसे वह खो चुका है।

◌◠◌

हर धर्म यही कहता है की इस संसार में मनुष्य को अपना जीवन ईश्वर की पसंद के अनुसार जीना चाहिए, क्यूंकि इस दुनिया में लोगों की पसंद और लोग बदलते रहते है।

◌◠◌

हर धर्म यही कहता है की इस संसार में मनुष्य यदि ईश्वर को न्यायमूर्ति बनाकर अपनी ज़िन्दगी की जंग लड़े, तो जीत हमेशा उसी की होगी।

◌◠◌

हर धर्म यही कहता है की इस संसार में मनुष्य को ईश्वर से कभी उम्मीद नहीं छोड़नी चाहिए और संसार से कभी उम्मीद नहीं रखनी चाहिए।

◌◠◌

हर धर्म यही कहता है की इस संसार में मनुष्य को कल्पना करने के पश्चात उस पर अमल भी करना चाहिए, केवल सीढ़ियों को देखते रहने से कुछ हासिल नहीं होगा, आपको उन पर चढ़ना भी होगा।

ᕲᕗ

हर धर्म यही कहता है की इस संसार में मनुष्य को अगर सुकून चाहिए तो उसे वह उसे केवल खुद के माध्यम से प्राप्त हो सकता है, दुसरो के माध्यम से केवल उलझनें प्राप्त होंगी।

ᕲᕗ

हर धर्म यही कहता है की इस संसार में यदि किसी मनुष्य को दूसरे मनुष्य को साथ, समय और समर्पण - ये तीन भेंट दे, तो उसे ऐसे व्यक्ति का साथ कभी नहीं छोड़ना चाहिए।

ᕲᕗ

हर धर्म यही कहता है की इस संसार में मनुष्य के लिए हर कार्य आसान होने से पहले कठिन होता हैं।

ᕲᕗ

हर धर्म यही कहता है की इस संसार में मनुष्य को यह स्मरण रखना चाहिए की वह इस बात का वहम कभी न करें की उसके पास समय की कोई कमी नहीं है।

ᕲᕗ

हर धर्म यही कहता है की इस संसार में मनुष्य को अपनी वाणी का पछतावा ज़रूर हो सकता है परन्तु उसे अपने मौन का पछतावा कभी नहीं होगा।

~

हर धर्म यही कहता है की इस संसार में केवल मित्रता ही मनुष्य के आनंद को दुगुना कर सकती है और दुःख को आधा।

~

हर धर्म यही कहता है की इस संसार में यदि मनुष्य दूसरों के लिए दीपक लेकर चलेगा तो, रोशनी उस पर भी पड़ेगी और चेहरा उसका भी चमकेगा।

~

हर धर्म यही कहता है की इस संसार में मनुष्य के पुण्य जहाँ उसे छप्पर फाड़ के देते है, वहीं उसके पाप उसे थप्पड़ मार के सब छीन भी लेते है।

~

हर धर्म यही कहता है की इस संसार में मनुष्य को यह स्मरण रखना चाहिए की सिंह अगर चट्टान पर बैठ जाए, तो वह चट्टान भी सिंहासन कहलाती है। इसलिए सिंहासन पाने का नहीं, सिंह बनने का प्रयास करें कि आप जहां पर बैठें, वहीं सिंहासन स्वयं बन जाए।

❧

हर धर्म यही कहता है की इस संसार में मनुष्य यदि थोड़ा सा दान देकर अपने नाम का पत्थर लगवाने की या नामवरी छपवाने की प्रवृत्ति करता है तो वह, निम्न कोटि की श्रेणी में आ जाता है क्यूंकि इसमें दान या सेवा का नहीं प्रशंसा प्राप्त करने का अहंकार का भाव छिपा होता है।

❧

हर धर्म यही कहता है की इस संसार में यदि मनुष्य अपने जीवन के सफर में धूल को गुलाल समझने लगे तो समझ जाईये की वह जीवन की हर चाल समझने लगा है।

❧

हर धर्म यही कहता है की इस संसार में एक मनुष्य ही दूसरे मनुष्य का रास्ता काटता है, बिल्लियाँ तो बस यूँ ही बदनाम हैं।

❧

हर धर्म यही कहता है की इस संसार में यदि मनुष्य स्वयं के लिये नियम निर्धारित नहीं करता, तो उसे दुसरो के बनाये हुए नियमो पर चलना पड़ता है।

❧

हर धर्म यही कहता है की इस संसार में यदि किसी मनुष्य को आपकी सलाह की आवश्यकता हो, तो सलाह के साथ-साथ अपना साथ भी दे क्यूंकि सलाह ग़लत हो सकती है, साथ नहीं।

❧

हर धर्म यही कहता है की मनुष्य को यह स्मरण रहे की जब तक मनुष्य अहंकार में डूबा रहेगा, तब तक ना तो उसे स्वयं की गलतियां दिखाई देंगी और ना ही दुसरो की अच्छाईयाँ।

❧

हर धर्म यही कहता है की किसी मनुष्य के ना बोलने पर भी यदि कोई सुन सकता है, तो वह परमात्मा है। यदि ईश्वर ना बोले और फिर भी मनुष्य सुन ले तो उसका नाम श्रद्धा है।

❧

हर धर्म यही कहता है की इस मानव जीवन में मनुष्य किसी को माफ़ भले ही बार-बार करें, किन्तु एक मनुष्य को दूसरे मनुष्य पर विश्वास केवल एक ही बार करना चाहिए।

❧

हर धर्म यही कहता है की इस संसार में मनुष्य को भलाई करते रहनी चाहिए क्यूंकि जीवन में किसी के प्रति की गई भलाई व्यर्थ नहीं जाती, वह कब किस रूप में आपके पास लौटकर आएगी यह केवल ईश्वर ही जानते हैं।

☙

हर धर्म यही कहता है की इस संसार में एक दूसरे का साथ देने वाले जीव कभी हालात नहीं देखते, और हालात देखने वाले मनुष्य कभी किसी का साथ नहीं देते।

☙

हर धर्म यही कहता है की इस संसार में यदि मनुष्य धैर्यवान नहीं है तो उसका ना वर्तमान है ना भविष्य।

☙

हर धर्म यही कहता है की इस संसार में मनुष्य को यह स्मरण रखना चाहिए की, समय कभी गूँगा नहीं रहता, वह बस मौन होता है और सही वक्त आने पर ही वह यह बताता है कि वो भी बोलना जानता है।

☙

हर धर्म यही कहता है की इस संसार में मनुष्य द्वारा किताब रुपी दुनिया पढ़ना भले ही मुश्किल हो, लेकिन जमाना वो अध्यापक है जो उसे सब कुछ सिखा देता है।

☙

हर धर्म यही कहता है की इस संसार में यदि किसी मनुष्य के पास जरूरत से ज्यादा है तो उसे उनके साथ बांटना चाहिए, जिनको उसकी ज्यादा जरूरत है।

❧

हर धर्म यही कहता है की इस संसार में हर मनुष्य की आदत है, अगर जो वह चाहता है उसे नहीं मिले तो वह सब्र नहीं करता और यदि उसे मिल जाए तो वह उसकी क़दर नहीं करता।

❧

हर धर्म यही कहता है की इस संसार में हर मनुष्य को यह समझना होगा की यदि जीवन में उसका लक्ष्य बड़ा है तो उसका संघर्ष भी उतना ही बड़ा होगा।

❧

हर धर्म यही कहता है की इस संसार में यदि मनुष्य भले ही अनपढ़ हो यदि वह किसी भी जीव की भावनाओं को समझना सीख ले, तो वह दुनिया का सबसे पढ़ा लिखा मनुष्य होता है।

❧

हर धर्म यही कहता है की इस संसार में मनुष्य जब संघर्ष पथ पर हों तो उसे उस समय पीछे मुड़कर नहीं देखना चाहिए, परन्तु सफल होने के बाद उसे पीछे देखना नहीं भूलना चाहिए।

❧

हर धर्म यही कहता है की इस संसार में मनुष्य को यह स्मरण रखना होगा की दूसरे मनुष्यों के लिए आप तब तक अच्छे हो, जब तक आप उनकी उम्मीदों को पूरा करते हो, और आपके लिए उस समय तक सभी मनुष्य अच्छे हैं जब तक आप उनसे कोई उम्मीद न रखो।

❦

हर धर्म यही कहता है की मानव जीवन में मिट्टी का मटके और परिवार की कीमत केवल उसे बनाने वाले को पता होती है, तोड़ने वाले को नहीं।

❦

हर धर्म यही कहता है की इस संसार में मानव के लिए पाप और पुण्य की परिभाषा बस इतनी ही है की, जिस कार्य से किसी का दिल दुखे वो पाप है, और जिससे किसी के चेहरे पर हँसी आए वो पुण्य है।

❦

हर धर्म यही कहता है की मनुष्य को यह स्मरण रहे की मनुष्य के जीवन में समस्याएँ उसे बर्बाद करने के लिए नहीं आती हैं, वे सिर्फ़ उस मनुष्य के अंदर की आत्मशक्ति की पहचान कराने के लिए आती हैं।

❦

हर धर्म यही कहता है की मनुष्य को इस संसार में अपने अधिकारों के लिए अवश्य लड़ना चाहिए, किन्तु जिसपर उसका अधिकार नहीं उसका मोह नहीं करना चाहिए।

❦

हर धर्म यही कहता है की इस संसार में जिस मनुष्य को सही दिशा और सही समय का ज्ञान नहीं, उसे उगता हुआ सूरज भी डूबता हुआ दिखाई देता है।

❦

हर धर्म यही कहता है की इस संसार में जहाँ कोई मनुष्य उपस्थित नहीं होता, वहाँ उसके गुण और अवगुण उसका प्रतिनिधित्व करते है।

❦

हर धर्म यही कहता है की इस संसार में मनुष्य को यह स्मरण रखना चाहिए की समुन्द्र चाहे कितना ही घमंड क्यों ना कर ले, की वह सारी दुनिया को डुबो सकता है लेकिन एक छोटी सी तेल की बूँद उस पूरे समुन्द्र को आराम से पार कर सकती है।

❦

हर धर्म यही कहता है की इस संसार में मनुष्य को बिखरने के तो लाख बहाने मिल जायेंगे, किन्तु उसे अपने जीवन में जुड़ने के अवसर खुद ढूंढने पड़ेंगे।

❧

हर धर्म यही कहता है की इस संसार में ईश्वर मनुष्य को कितना निश्चिन्त करके भेजता है। ना आते वक्त उसे कुछ लाना पड़ता है, और ना जाते वक्त उसे कुछ ले जाना पड़ता है।

❧

हर धर्म यही कहता है की इस संसार में मनुष्य की उम्र के साथ उसकी दृष्टि भले ही कमजोर हो जाए, किन्तु समय के साथ उसे बहुत कुछ स्पष्ट नज़र आने लगता है।

❧

हर धर्म यही कहता है की इस संसार में किसी भी प्राणी को दूसरे प्राणी के साथ ऐसा व्यवहार नहीं करना चाहिए, जैसा उसे स्वयं के लिए पसंद ना हो।

❧

हर धर्म यही कहता है की इस संसार में मनुष्य को यह स्मरण रखना चाहिए की शीशा चाहे कितना ही कमजोर क्यों ना हो, किन्तु वह सच दिखाने से कभी घबराता नहीं है।

❧

हर धर्म यही कहता है की इस संसार में मनुष्य को यह स्मरण रखना चाहिए की रिश्तों में उसी क्षण से मधुरता ख़त्म होने लगती है, जब

दोनों को एक-दूसरे में विशेषता कम और कमियाँ अधिक नज़र आने लगती हैं।

❧

हर धर्म यही कहता है की इस संसार में अगर किसी मनुष्य को बुराई ढूंढने का शौक़ हो, तो बेहतर होगा की वो इसकी शुरुआत ख़ुद से करें, दूसरों से नहीं।

❧

हर धर्म यही कहता है की इस संसार में मनुष्य के केवल दो ही व्यक्तित्व है, जो उसे निखारते है। पहला जब आपके पास कुछ ना हो तो 'धीरज' और दूसरा जब आपके पास सब कुछ हो तब 'व्यवहार'!

❧

हर धर्म यही कहता है की इस संसार में मनुष्य को यह स्मरण रखना चाहिए की वक़्त कभी नहीं रुकता, यदि कल बुरा था तो आज अच्छा भी आएगा।

❧

हर धर्म यही कहता है की इस संसार में मनुष्य को सत्य अपने लिए रखना चाहिए, प्रेम दूसरों के लिए और करुणा सभी के लिए, यही जीवन का व्याकरण है।

❧

हर धर्म यही कहता है की इस संसार में मनुष्य को शब्दों की ताक़त को समझना चाहिए, की यदि ये किसी से रिश्ते बना सकती है तो बिगाड़ भी सकती है।

❦

हर धर्म यही कहता है की मनुष्य को यह स्मरण रहे की इस संसार में आशा और विश्वास कभी ग़लत नहीं होते, पर ये हम पर निर्भर करता है हमने किससे आशा की और किस पर विश्वास किया।

❦

हर धर्म यही कहता है की मनुष्य को यह स्मरण रहे की इस संसार में सबसे अधिक ब्याज ज्ञान में पूँजी लगाने से मिलता है। उसे हमेशा यह प्रयास करना चाहिए की वह कुछ ऐसा लिखें जो पढ़ने लायक हो, या कुछ ऐसा करें जो लिखने लायक हो।

❦

हर धर्म यही कहता है की इस संसार में मनुष्य को भगवान पर उस बच्चे की तरह भरोसा रखना सीखना चाहिए, जिस प्रकार उस बच्चे को यदि हवा में उछालो तो वो हँसता है, डरता नहीं... क्योंकि वो जानता है उसे प्यार करने वाला कभी गिरने नहीं देगा।

❦

हर धर्म यही कहता है की मनव जीवन में अच्छे लोगों में एक विशेषता होती है, वो बुरे समय में भी अच्छे होते है।

☙

हर धर्म यही कहता है की मनुष्य को यह स्मरण रखना चाहिए की धरती पर किसी भी मनुष्य की सम्पत्ति के उत्तराधिकारी भले ही एक से ज़्यादा हो सकते हैं, लेकिन उसके द्वारा किये गए कर्मों का उत्तराधिकारी वह स्वयं होता हैं।

☙

हर धर्म यही कहता है की मनुष्य को यह स्मरण रखना चाहिए की मनुष्य की सम्पत्ति ना दौलत है, ना जायदाद है उसकी सम्पत्ति तो उसका हँसता हुआ परिवार, अच्छा स्वास्थ्य, शुभचिंतक मित्र और स्वयं का संतुष्ट मन है।

☙

हर धर्म यही कहता है की मनुष्य को यह सदैव जीवन से यह सीखना चाहिए की खामोशी से भी नेक काम होते हैं जैसे सबने देखा होगा पेड़ों को छाँव देते हुए।

☙

हर धर्म यही कहता है की मनुष्य को यह स्मरण रखना चाहिए की अपनी जुबान की ताकत उन पर कभी न दिखाए, जिन्होंने तुम्हें बोलना सिखाया है।

❦

हर धर्म यही कहता है की इस संसार में यदि कोई अगर आपके रास्ते में गड्ढा खोदे तो परेशान मत होना, क्योंकि यही वो लोग हैं, जिनके होने से आप छलांग लगाना सीखेंगे।

❦

हर धर्म यही कहता है की इस संसार में मानव जीवन में, मतलब बहुत वज़नदार होता है क्यूंकि निकल जाने के बाद वह हर रिश्ते को हल्का कर देता है।

❦

हर धर्म यही कहता है की इस संसार में यदि कोई पूछे की - ईश्वर नज़र क्यों नहीं आते? तो कहना की - सिर्फ़ वही तो नज़र आते हैं जब कोई नज़र नहीं आता।

❦

हर धर्म यही कहता है की इस संसार में कुछ मनुष्यों को अक्सर लगता है कि दूसरों का जीवन उनसे बेहतर है, लेकिन आंकलन करते वक़्त वह यह भूल जाते हैं कि उनके लिए वह भी दूसरे हैं।

❦

हर धर्म यही कहता है की इस संसार में मनुष्य को यह स्मरण रखना चाहिए की अहंकार ज्ञान का उल्टा है, जितना अधिक ज्ञान होगा

उतना कम अहंकार होगा।

☙

हर धर्म यही कहता है की इस संसार में मनुष्य को समय-समय पर खुद का आंकलन करते रहना चाहिए की कहीं ऐसा तो नहीं की उसमें दया, करुणा, मानवता, दोस्ती, व्यावहारिकता या इंसानियत घट रही है या बढ़ रही है।

☙

हर धर्म यही कहता है की इस संसार में मनुष्य को सम्बन्ध बनाते वक़्त यह ध्यान रखना चाहिए की सम्बन्ध बनाना भले ही बहुत आसान है किन्तु उन्हें निभाना बहुत कठिन है।

☙

हर धर्म यही कहता है की इस संसार में मनुष्य को यह स्मरण रखना चाहिए की जब तक किसी भी बात की पूरी जानकारी ना हो तब तक मौन रहना ही उत्तम है क्योंकि अधूरा सत्य पूर्ण झूठ से कई गुना ज्यादा खतरनाक होता है।

☙

हर धर्म यही कहता है की इस संसार में मनुष्य को यह स्मरण रखना चाहिए की वह किसी से ईर्ष्या करके उस मनुष्य का कुछ नहीं बिगाड़ सकता, पर अपनी नींद और सुख चैन अवश्य बर्बाद कर सकता है।

☙

हर धर्म यही कहता है की इस संसार में मनुष्य को यह बात सदैव समझनी चाहिए की, यदि वह अपनी ग़लतियों से कुछ सीखता हैं तो उसके लिए वह ग़लतियाँ सीढ़ी हैं किन्तु यदि वह नहीं सीखता, तो ग़लतियाँ उसके लिए सागर के समान हैं। निर्णय आपका है, चढ़ना है या डूबना है।

෧

हर धर्म यही कहता है की इस संसार में मनुष्य को जिस दिन ये विश्वास हो जाएगा, की हर काम ईश्वर की मर्जी से होता है। उस दिन से उसकी उसकी सारी परेशानियाँ अपनेआप ख़त्म हो जाएँगी।

෧

हर धर्म यही कहता है की इस संसार में मनुष्य को यह स्मरण रखना चाहिए की इस जीवन में वह कितना सही है और कितना ग़लत हैं, ये

केवल दो ही लोग जानते हैं, परमात्मा और अंतरात्मा।

∽

हर धर्म यही कहता है की इस संसार में मनुष्य को अगर किसी एक से शिकायत है तो उसे उससे बात करनी होगी, यदि आपको अधिकतर लोगों से शिकायत है उसे खुद से बात करनी होगी।

∽

हर धर्म यही कहता है की इस संसार में मनुष्य के जीवन में कई बार बड़ी से बड़ी परेशानियों से वह यूँ निकल जाता हैं मानो कोई उसका साथ दे रहा हो, इसी अदृश्य शक्ति का नाम परमात्मा है।

∽

हर धर्म यही कहता है की इस संसार में मनुष्य को यह स्मरण रखना चाहिए की किसी का भी उदय अचानक नहीं होता, सूर्य भी धीरे धीरे निकलकर ऊपर उठता है, जिसमें धैर्य और तप की क्षमता है वही संसार को प्रकाशित करता है।

∽

हर धर्म यही कहता है की इस संसार में मनुष्य को यह स्मरण रखना चाहिए की, कर्म के पास ना कागज है ना किताब है, फिर भी सारे जग का हिसाब है।

∽

वो पूछते हैं- क्या वास्तव में रामसेतु है? मैंने कहा- अरे नादान, सच तो ये है कि राम से तू है।

❧

हर धर्म यही कहता है की इस संसार में मनुष्य का जीवन बूँद सा है परन्तु इंसान का अहंकार सागर से भी बड़ा है।

❧

हर धर्म यही कहता है की इस संसार में मनुष्य को यह स्मरण रखना चाहिए की, जिस प्रकार लोहे को कोई खराब नहीं कर सकता, पर उसकी खुद की जंग उसे खराब कर देती है, इसी तरह इंसान को कोई और नहीं बल्कि खुद के बुरे विचार उसे बर्बाद कर देते है।

❧

हर धर्म यही कहता है की इस संसार में मनुष्य को यह स्मरण रखना चाहिए की उसे अपना जीवन बदलने के लिए समय ज़रूर मिलता है, पर समय बदलने के लिए दोबारा उसे जीवन नहीं मिलता।

❧

हर धर्म यही कहता है की इस संसार में मनुष्य को हमेशा शांत रहना चाहिए, शांत रहकर ही वह अपना जीवन मजबूत कर पायेगा क्योंकि लोहा ठंडा रहने पर ही मजबूत रहता है, गर्म होने पे नहीं।

❧

हर धर्म यही कहता है की इस संसार में आप बिना किसी वजह के, ख़ुशी महसूस करो तो, यक़ीन कर लो, कोई न कोई, कहीं ना कहीं, आपके लिए भगवान से प्रार्थना कर रहा है।

❧

हर धर्म यही कहता है की इस संसार में मनुष्य का बिना झुके ख़ाली होना क़रीब क़रीब नामुमकिन है, और अगर अहंकार से मुक्त होना है तो उसका झुकना ही एकमात्र उपाय है।

❧

हर धर्म यही कहता है की इस संसार में बुद्धिमान वो है, जो सबसे कुछ सीख लेता है। शक्तिशाली वो है, जिसका अपनी इच्छाओं पर नियंत्रण है। सम्मानित वो है, जो दूसरों का सम्मान करता है। और धनवान वो है, जो अपने आस पास है, उससे ही प्रसन्न है।

❧

हर धर्म यही कहता है की इस संसार में मनुष्य को रिश्ते निभाने के लिए बुद्धि नहीं अपने हृदय की शुद्धि करनी चाहिए, अर्थात सत्य कहो, स्पष्ट कहो, सम्मुख कहो यदि अपना हुआ तो समझेगा और पराया हुआ तो छूटेगा।

❧

हर धर्म यही कहता है की इस संसार में सभी मनुष्य इस दुनिया में किसी अनगढ़ पत्थर की तरह आये है, बस फर्क इतना है की किसी को अपनों ने तोड़ दिया, किसी को अपनों ने तराश दिया।

৩

हर धर्म यही कहता है की इस संसार में मनुष्य को यह स्मरण रखना चाहिए की बदला लेने से अच्छा है, की वह सामने वाले को बदल डालें।

৩

हर धर्म यही कहता है की मानव जीवन में दिल से प्रशंसा, दिमाग़ से हस्तक्षेप और विवेक से प्रतिक्रिया करने में ही समझदारी है... वरना मौन ही बेहतर है।

৩

हर धर्म यही कहता है की मनुष्य को यह स्मरण रखना चाहिए की उसकी ईश्वर से की गयी प्रार्थना कभी रद्द नहीं होतीं...बस, वह बेहतरीन वक्त पे कुबूल होतीं हैं।

৩

हर धर्म यही कहता है की मनुष्य को यह अपने मिले हुए समय को ही अच्छा बनाना चाहिए, अगर मनुष्य अच्छे समय की राह देखता रहेगा तो उसका पूरा जीवन कम पड़ जाएगा।

৩

हर धर्म यही कहता है की इस संसार में मनुष्यों को कड़वी बात को भूलकर हाथ को पकड़े रखना चाहिए, किन्तु लोग बात को पकड़े रहते हैं और हाथ छोड़ देते हैं।

❧

हर धर्म यही कहता है की इस संसार में मनुष्यों को यह स्मरण रखना चाहिए की जो मनुष्य संघर्ष की राह पर चलता है, वो ही संसार को बदल पाता है और जिसने रातों से जंग जीती है वही सूर्य बनकर निकल पाता है।

❧

हर धर्म यही कहता है की मानव जीवन में हर मनुष्य को थोड़ा बहुत शतरंज का ज्ञान होना भी ज़रूरी है क्यूंकि कई बार सामने वाला मोहरे चल रहा होता है और हम रिश्ते निभाते रह जाते हैं।

❧

हर धर्म यही कहता है की मानव जीवन में मनुष्यों को यदि अपने सपनो को सच करना है तो उन्हें अपने रास्ते बदलने होने, अपने सिद्धांत नहीं। क्योंकि पेड़ हमेशा पत्तियाँ बदलते हैं, जड़ें नहीं।

❧

हर धर्म यही कहता है की मानव जीवन में मनुष्यों को यह समझना चाहिए की भगवान हर जगह नहीं हो सकते, इसलिए उन्होंने मां को बनाया और माँ हर वक्त हमारे साथ नहीं हो सकती, इसीलिए

भगवान ने बहन को बनाया।

❧

हर धर्म यही कहता है की मानव जीवन में मनुष्यों को अपनी सफलता हाथों की लकीरों में नहीं, माथे के पसीने में खोजनी चाहिए।

❧

हर धर्म यही कहता है की मानव जीवन में मनुष्यों को यह स्मरण रखना होगा की, उसके पास कितने साधन हैं ये तब तक मायने नहीं रखता, जब तक उसको उनका उपयोग करना नहीं आता।

❧

हर धर्म यही कहता है की इस संसार में मनुष्यों अगर अपनी बातों को अपने मन में रखें तो बेहतर है और उसे बोलने से ज़्यादा करके दिखाने में भरोसा होना चाहिए।

❧

हर धर्म यही कहता है की इस संसार में मनुष्यों को अगर कुछ अलग करना है तो उन्हें भीड़ से हटकर चलना होगा क्यूंकि भीड़ साहस तो देती है लेकिन आपसे आपकी पहचान छीन लेती है।

❧

हर धर्म यही कहता है की इस संसार में मनुष्यों के लिए इस दुनिया में रहने की दो सबसे अच्छी जगह हैं, या तो किसी के दिल में या खुद किसी की दुआओं में।

❧

हर धर्म यही कहता है की इस संसार में मनुष्यों को यह सदैव स्मरण रखना चाहिए की परमात्मा तुम्हारे बिना भी परमात्मा है, पर तुम बिना परमात्मा के कुछ भी नहीं।

❧

हर धर्म यही कहता है की इस संसार में मनुष्यों को यह सदैव स्मरण रखना चाहिए की बिना मेहनत के इस दुनिया में कुछ उपलब्ध नहीं है, जिस प्रकार चिड़ियों को भी दाने के लिए घोंसलों से निकलना पड़ता है।

❧

हर धर्म यही कहता है की इस संसार में मनुष्यों को अपना स्वभाव उस दीपक की तरह चाहिए, जो बादशाह के महल में भी उतनी ही रोशनी देता है, जितनी किसी गरीब की झोंपड़ी में।

❧

हर धर्म यही कहता है की इस संसार में मनुष्यों को यह समझना चाहिए की माचिस किसी दूसरी चीज़ को जलाने से पहले खुद को

जलाती है, इसी तरह क्रोध करने वाला पहले स्वयं को बर्बाद करता है फिर दूसरे को।

❦

हर धर्म यही कहता है की इस संसार में मनुष्यों को यह स्मरण रहे की, यदि वह गलत नहीं हो तो कभी किसी के सामने अपनी स़फ़ाई पेश मत करें, क्योंकि जिसे तुम पर विश्वास है उसे सफाई की ज़रूरत नहीं, और जिसे तुम पर विश्वास नहीं वो मानेगा ही नहीं।

❦

हर धर्म यही कहता है की इस संसार में मनुष्यों को यह स्मरण रहे की, छाता बारिश तो नहीं रोक सकता, किंतु बारिश में खड़े होने का साहस अवश्य देता है। ठीक इसी प्रकार आत्मविश्वास सफलता का मापदंड तो नहीं है, किंतु संघर्ष करने की प्रेरणा अवश्य देता है।

❦

हर धर्म यही कहता है की इस संसार में मनुष्यों को अपने रिश्तों और पैसों की कद्र एक समान करनी चाहिए क्यूंकि दोनों को कमाना मुश्किल है, लेकिन गंवाना बहुत आसान।

❦

हर धर्म यही कहता है की इस संसार में मन का शांत रहना, मन का वश में रहना सौभाग्य, मन से किसी को याद करना अहोभाग्य और मन से कोई याद करे वो है परम सौभाग्य।

❧

हर धर्म यही कहता है की मनुष्यों के जीवन में उनके घर को आबाद या बर्बाद करने के लिए उनके घर का एक सदस्य ही काफ़ी है।

❧

हर धर्म यही कहता है की इस संसार में शमशान ऐसे लोगों की राख से भरे पड़े हैं जो समझते थे कि दुनिया उनके बिना नहीं चल सकती।

❧

हर धर्म यही कहता है की इस संसार में किसी भी मनुष्य की हार तब नहीं होती जब वह गिर जाता हैं, उसकी हार तब होती है जब वह गिरने के बाद उठने से इनकार कर देता हैं।

❧

हर धर्म यही कहता है की इस संसार में सभी मनुष्यों का अंत समान है, मनुष्य जीते जी क्या करता हैं, केवल यही बात एक मनुष्य को दूसरे मनुष्य से अलग बनाती है।

❧

हर धर्म यही कहता है की इस संसार में सभी मनुष्यों के लिए सम्मान के साथ जीने का तरीक़ा ये है कि वह ऐसे इंसान बनें, जो वह होने का दावा करता हैं।

❧

हर धर्म यही कहता है की इस संसार में सभी मनुष्यों के लिए ताक़त, पैसा, भूख, लालच, प्रेम, ईर्ष्या, महत्वकांक्षा या अभिमान हर वो चीज़ जो जीवन में आवश्यकता से अधिक है, वही ज़हर है।

❧

हर धर्म यही कहता है की इस संसार में जिन घरों में मां बाप हंसते हैं उन्ही घरों में भगवान बसते हैं।

❧

हर धर्म यही कहता है की इस संसार में एक मनुष्य को दूसरे मनुष्य को उतनी ही जल्दी माफ़ कर देना चाहिए, जितनी जल्दी आप ऊपर वाले से वह अपने लिए उम्मीद करता है।

❧

हर धर्म यही कहता है की इस संसार में मनुष्य के जीवन में यदि कभी बुरा वक़्त नहीं आएगा तो अपनों में छुपे ग़ैर और ग़ैर में छुपे अपने का उसे कभी पता नहीं चल पायेगा।

❧

हर धर्म यही कहता है की इस संसार में मनुष्यों को यह बात सदा स्मरण रहे की या तो उन्हें वक़्त के साथ बदलना सीखना होगा, या फिर वक़्त बदलना सीखना होगा क्यूंकि मजबूरियों को कोसने से कुछ नहीं होगा, यदि मनुष्य आगे बढ़ना चाहता है तो उसे हर हाल में

चलना सीखना होगा।

❧

हर धर्म यही कहता है की इस संसार में पूरी ज़िंदगी इसी बात में गुज़ार देने से कोई फायदा नहीं कि, चार लोग क्या कहेंगे क्यूंकि अंत में वो चार लोग बस यही कहेंगे कि, "राम नाम सत्य है"

❧

हर धर्म यही कहता है की इस संसार में मनुष्यों को अपने जीवन में फूल एकत्रित करने के लिए ठहरना नहीं है, आगे बढ़े चलो, तुम्हारे पथ में फूल निरंतर खिलते रहेंगे।

❧

हर धर्म यही कहता है की इस संसार में इंसान भी बहुत कमाल है, पसंद करे तो बुराई नहीं देखता...नफ़रत करे तो अच्छाई नहीं देखता।

❧

हर धर्म यही कहता है की इस संसार में इंसान में दुनिया अच्छे लोगों से भरी है, यदि आपको कोई अच्छा नहीं मिल रहा तो खुद अच्छे बनो।

❧

हर धर्म यही कहता है की इस संसार में मनुष्यों के लिए शब्द एक तरह के भोजन के समान है। किस समय कौन सा शब्द परोसना है, जो मनुष्य यह समझ जाता है वही बढ़िया रसोईया कहलाता है।

∽

अच्छा हुआ भगवान श्री राम लंका में वानर सेना लेकर गए थे..यदि इंसानों को ले गए होते तो, सोने की लंका देखकर आधे तो रावण के पक्ष में हो गए होते.."

∽

हर धर्म यही कहता है की इस संसार में मनुष्य केवल यह जानता है कि उसके पास कितना पैसा है, लेकिन ये कभी नहीं जान पाता कि उसके पास कितना समय शेष है। पैसे और समय में यही सबसे बड़ा अंतर है।

∽

हर धर्म यही कहता है की इस संसार में मनुष्य चाह कर भी किसी का भाग्य नहीं बदल सकता किंतु उसे अच्छी प्रेरणा देकर मार्ग दिखा सकता है, मौका मिले तो किसी का "सारथी" बनें "स्वार्थी" नहीं।

∽

हर धर्म यही कहता है की इस संसार में मनुष्यों को मुस्कुराना सीखना चाहिए क्योंकि रोना तो ज़िंदगी पैदा होते ही सिखा देती है।

∽

हर धर्म यही कहता है की इस संसार में आपके होने ना होने से किसी को कोई फ़र्क़ नहीं पड़ता, जिसकी जितनी ज़रूरत होती है, उसकी बस उतनी ही अहमियत होती है।

◌◌

हर धर्म यही कहता है की इस संसार में मनुष्य महाभारत से यह सीख सकता है की, खुद की समझदारी भी मायने रखती है, वरना अर्जुन और दुर्योधन के गुरु तो एक ही थे।

◌◌

हर धर्म यही कहता है की इस संसार में मनुष्यों को अपने जीवन की तुलना किसी और से नहीं करनी चाहिए क्यूंकि सूर्य और चंद्रमा दोनों ही चमकते हैं, लेकिन अपने - अपने वक्त पर।

◌◌

हर धर्म यही कहता है की इस संसार में मनुष्यों को अपने आज को यह सोचकर बर्बाद नहीं करना चाहिए, कि मेरे पास बहुत सारे कल हैं।

◌◌

हर धर्म यही कहता है की इस संसार में मनुष्यों को यह समझना चाहिए की हर दिन अच्छा नहीं हो सकता है, लेकिन हर दिन में कुछ ना कुछ अच्छा जरूर होता है।

❧

हर धर्म यही कहता है की इस संसार में मनुष्यों को यह समझना चाहिए की अरमान सिर्फ़ उतने ही अच्छे हैं, जिनमें स्वाभिमान गिरवी रखने की ज़रूरत ना पड़े।

❧

हर धर्म यही कहता है की इस संसार में मनुष्यों को यह समझना चाहिए की प्रेम वह डोर है जो इतनी मज़बूत होती है कि परमात्मा को भी बांध सकती है। लेकिन खुद किसी बंधन में नहीं बंधती।

❧

हर धर्म यही कहता है की इस संसार में अपनों का साथ बहुत आवश्यक है, सुख है तो बढ़ जाता है और दुःख है तो बँट जाता है।

❧

हर धर्म यही कहता है की इस संसार में मनुष्यों को केवल उन्ही यादों को सहेजना चाहिए जो आँखों में चमक पैदा करें..! उन्हें नहीं, जो चेहरे पर शिकन पैदा करें।

❧

हर धर्म यही कहता है की इस संसार में जिंदगी सभी के लिए रंगीन किताब है फर्क है तो बस इतना कि कोई हर पन्ने को दिल से पढ़ रहा है, और कोई बस पन्ने पलट रहा है।

◗◖

हर धर्म यही कहता है की इस संसार में किसी के भी माता पिता भले ही अनपढ़ क्यों न हों, लेकिन शिक्षा और संस्कार देने की जो क्षमता उनमें है, वो दुनिया के किसी स्कूल में नहीं।

◗◖

हर धर्म यही कहता है की इस संसार में ज़िंदगी का सारा खेल तो वक्त रचता है, इंसान तो सिर्फ़ अपना किरदार निभाता है।

◗◖

हर धर्म यही कहता है की इस संसार में मनुष्यों की आधी ख़ूबसूरती उनकी वाणी में होती है।

◗◖

हर धर्म यही कहता है की इस संसार में मनुष्यों के जीवन में किरण चाहे सूर्य की हो या आशा की, जीवन के सभी अंधकार मिटा देती हैं।

◗◖

हर धर्म यही कहता है की इस संसार में क्रोध और आँधी दोनों बराबर होते हैं, शांत होने के बाद ही पता चलता है कि नुकसान कितना हुआ है।

◦✦◦

हर धर्म यही कहता है की इस संसार में मनुष्य के भाग्य में जो कुछ भी है वो भागकर आएगा किन्तु जो भाग्य में नहीं है वो आकर भी भाग जाएगा।

◦✦◦

हर धर्म यही कहता है की इस संसार में मनुष्य के नेत्र उसे केवल दृष्टि प्रदान करते हैं परंतु वह दूसरों में क्या देखता हैं ये उसकी भावनाओं पर निर्भर करता है।

◦✦◦

हर धर्म यही कहता है की इस संसार में मनुष्यो को काम करने वालों की कद्र करनी चाहिए ना की कान भरने वालों की।

◦✦◦

हर धर्म यही कहता है की इस संसार में हारता वही है जो दुनियां से नहीं अपने आप से हार जाता है।

◦✦◦

हर धर्म यही कहता है की इस संसार में मनुष्यों को होंसला रखना चाहिए क्यूंकि यह रास्ते ही है, जो उसे उसकी मंज़िल तक ले जायेंगे। कभी सुना है कि अंधेरे ने सुबह ना होने दी हो?

◌୭◌

हर धर्म यही कहता है की इस संसार में बुराई बड़ी हो या छोटी हमेशा विनाश का कारण बनती है, क्योंकि नाव में छेद छोटा हो या बड़ा नाव को डुबा ही देता है।

◌୭◌

हर धर्म यही कहता है की इस संसार में सपनो के सच होने की संभावना ही वह चीज़ है, जो मानव जीवन को रोचक बनाती है।

◌୭◌

हर धर्म यही कहता है की इस संसार में मानव जीवन में, मैं श्रेष्ठ हूँ यह आत्मविश्वास है, लेकिन मैं ही श्रेष्ठ हूँ यह अहंकार है। और अहंकार ही उसके विनाश का कारण है।

◌୭◌

हर धर्म यही कहता है की इस संसार में बीता कल मनुष्य के पास नहीं है, लेकिन जीतने के लिए आने वाला कल उसके पास है।

◌୭◌

हर धर्म यही कहता है की इस संसार में मनुष्य को बड़ा ज़रूर बनना चाहिए लेकिन उसके सामने नहीं, जिसने आपको बड़ा बनाया है।

❧

हर धर्म यही कहता है की इस संसार में जब दवाई जेब के बजाय, शरीर में जाती है तभी असर होता है, वैसे ही अच्छे विचार सिर्फ सुनने से नहीं बल्कि, हृदय में उतरें तो जीवन सफल होता है।

❧

हर धर्म यही कहता है की इस संसार में यदि मनुष्य सच बोलने का साहस करें तो परिणाम भुगतने की शक्ति उसे परमात्मा अवश्य देंगे।

❧

हर धर्म यही कहता है की इस संसार में मनुष्य के जीवन में आत्मसम्मान, आत्मनिर्भरता के साथ आता है।

❧

हर धर्म यही कहता है की इस संसार में ईश्वर ना काग़ज़ रखता है ना किताब रखता है, फिर भी सारी दुनिया का हिसाब रखता है।

❧

हर धर्म यही कहता है की इस संसार में मनुष्य को यह स्मरण रखना चाहिए की उसके जीवन में सबसे बड़ी ख़ुशी उस काम को करने में है, जिसे लोग कहते हैं, कि ये तुम्हारे बस का नहीं है।

❦

हर धर्म यही कहता है की इस संसार में मनुष्य इस संसार को अपने संस्कार से जीता जा सकता है, अहंकार से नहीं।

❦

हर धर्म यही कहता है की इस संसार में मनुष्य को इस दुनिया में सब कुछ मिल जाता है, सिर्फ़ अपनी ग़लती नहीं मिलती।

❦

हर धर्म यही कहता है की इस संसार में मनुष्यों को उन लोगों को नज़रअन्दाज़ करना सीखना चाहिए ,जो आपके बारे में पीठ पीछे बातें करते हैं, क्योंकि वो उसी जगह रहने लायक़ हैं, आपके पीछे।

❦

हर धर्म यही कहता है की इस संसार में मनुष्यों को यह स्मरण रखना चाहिए की यदि वह जीवन में कुछ भी गलत करते है तो उन्हें स्वर्ग की प्राप्ति नहीं हो सकती क्यूंकि गलत कर्मों करने वालो के लिए स्वर्ग के दरवाजे नहीं खुलते।

❦

हर धर्म यही कहता है की कलियुग में समस्या यह नहीं कि सच बोलने वाले, कम हो रहे हैं, समस्या यह है कि, सिर्फ पसंद का सच सुनने वालों की, संख्या बढ़ गयी है।

❧

हर धर्म यही कहता है की इस संसार में किसी भी मनुष्य के जीवन में यदि दोस्त, किताबें, रास्ते और सोच यदि ग़लत हों तो गुमराह कर देते हैं, और सही हों तो जीवन बना देते हैं।

❧

हर धर्म यही कहता है की इस संसार में किसी भी मनुष्य के जीवन में प्रसन्नता से बढ़कर कोई स्वर्ग नहीं और निराशा से बढ़कर दूसरा कोई नरक भी नहीं है।

❧

हर धर्म यही कहता है की इस संसार में सभी मनुष्य गरीब इतने है कि उनकी साँसे भी अपनी नहीं, और अमीर इतने हैं कि तीनों लोकों का मालिक उनका है।

❧

हर धर्म यही कहता है की इस संसार में सभी मनुष्यों को यह स्मरण रखना चाहिए की अहंकार के वृक्ष पर विनाश का ही फल लगता है।

❧

हर धर्म यही कहता है की मानव जीवन में यदि हवाएँ मौसम का रुख बदल सकती हैं, तो प्रार्थना मुसीबत के पल बदल सकती है।

❧

हर धर्म यही कहता है की इस संसार में मनुष्यों को यह स्मरण रखना चाहिए की, उन्हें अपनी ताकत आवाज़ में नहीं अपने विचारों में रखनी होगी, क्योंकि फसल बारिश से होती है, बाढ़ से नहीं।

❧

हर धर्म यही कहता है की इस संसार में हर जीव के जीवन में अहंकार ही ऐसी दौड़ है जहां हर जीतने वाला हार जाता है।

❧

हर धर्म यही कहता है की इस संसार में मनुष्यों को केवल दिखावे के लिए अच्छा नहीं बनना चाहिए क्यूंकि परमात्मा तुम्हें बाहर से नहीं, बल्कि अंदर से जानते हैं।

❧

हर धर्म यही कहता है की इस संसार में सभी मनुष्यों को अपनी तकदीर ख़ुद ही लिखनी होगी क्यूंकि ये कोई चिट्ठी नहीं, जो दूसरों से लिखवा लोगे।

❧

हर धर्म यही कहता है की इस संसार में डर से बड़ी कोई बीमारी नहीं, और हिम्मत से बड़ी कोई औषधि नहीं।

૭

हर धर्म यही कहता है की इस संसार में मनुष्यों की, पाँच मिनट और सोने की आदत ना सिर्फ उन्हें घंटों सुला देती है बल्कि यही आलस्य जीवन उहे कई वर्ष पीछे कर देता है।

૭

हर धर्म यही कहता है की इस संसार में बात उन्हीं की होती है, जिनमें कोई 'बात' होती है।

૭

हर धर्म यही कहता है की इस संसार में मानव के जीवन में दुख इसलिए आते हैं, ताकि वह सुख का महत्व समझ सकें।

૭

हर धर्म यही कहता है की इस संसार में श्रेष्ठता का आधार ऊँचे आसन पर बैठना नहीं बल्कि ऊँची सोच पर निर्भर करता है।

૭

हर धर्म यही कहता है की इस संसार में मनुष्यों को यह समझाना होगा की, अगर उसे अपने भाग्य पर भरोसा है तो जो तक़दीर में लिखा है

वही पायेगा, और अगर भरोसा अपनेआप पर है तो, वह वही लिखेगा जो वो चाहेगा।

∽

हर धर्म यही कहता है की इस संसार में मनुष्यों को आने जीवन में कुछ कर गुजरने के लिए मौसम नहीं मन चाहिए, साधन सभी जुट जाएँगे संकल्प का धन चाहिए।

∽

हर धर्म यही कहता है की इस संसार में कभी हार ना मानने की आदत ही एक दिन जीतने की आदत में तब्दील हो पाती है।

∽

हर धर्म यही कहता है की इस संसार में मनुष्यों को यह ध्यान रखना चाहिए की, यदि उनका वक्त बुरा है तो उन्हें मेहनत करना आना चाहिए और जब वक्त अच्छा हो तो उन्हें किसी की मदद करनी चाहिए।

∽

हर धर्म यही कहता है की इस संसार में ईश्वर ने सभी मनुष्यों को धरती पर ख़ाली पन्ने की भाँति भेजा है, गुणों और योग्यता के आधार पर हमें स्वयं उसमें अपनी कीमत भरनी है।

∽

हर धर्म यही कहता है की इस संसार में शुरुआत करने के लिए महान होना ज़रूरी नहीं है, पर महान होने के लिए शुरुआत अनिवार्य है।

ço

हर धर्म यही कहता है की मानव जीवन में वक़्त की एक आदत बहुत अच्छी है, जैसा भी हो गुज़र जाता है।

ço

हर धर्म यही कहता है की इस संसार में यदि मनुष्य छोटी-छोटी बातें दिल में रखेगा तो वह अपने बड़े-बड़े रिश्ते भी कमजोर कर लेगा।

ço

हर धर्म यही कहता है की इस संसार में कोई भी मनुष्य अपने शब्द कितनी भी "समझदारी" से इस्तेमाल करे फिर भी सुनने वाला अपनी योग्यता और मन के विचारों के अनुसार ही उसका मतलब समझता और निकालता है।

ço

हर धर्म यही कहता है की इस संसार में कसी भी मनुष्य द्वारा की गयी एक विश्वास से भरी प्रार्थना अंधकार के समस्त बंधनों को तोड़ने का सामर्थ्य रखती है।

ço

हर धर्म यही कहता है की इस संसार में मनुष्य यह विश्वाश रखें की, वह बस अपने आपको ना हारने दे, यदि वह ऐसा करने में सफल हो जाता है तो फिर उसे कोई नहीं हरा सकता।

❧

हर धर्म यही कहता है की इस संसार में मानव जीवन में परिवर्तन का रहस्य यह है कि, आप अपनी सारी ऊर्जा पुराने से लड़ने में नहीं, बल्कि नए को बनाने में लगाएँ।

❧

हर धर्म यही कहता है की इस संसार में मानव जीवन में कोई अगर आपके अच्छे कर्म पर संदेह करे तो कोई बात नहीं, क्योंकि संदेह सदा सोने की शुद्धता पर किया जाता है, कोयले की कालिख पर नहीं।

❧

हर धर्म यही कहता है की इस संसार में क्या हार में क्या जीत में, किंचित नहीं भयभीत मैं, संघर्ष पथ पर जो मिले, यह भी सही वह भी सही।

❧

हर धर्म यही कहता है की इस संसार में मनुष्य यह स्मरण रखे की जो परीक्षा ले रहा है बारम्बार, वो वक़्त आने पर खुशी भी देगा अपरम्पार।

❧

हर धर्म यही कहता है की इस संसार में मनुष्य के दिमाग़ में दो घोड़े दौड़ते हैं, एक बुराई का और दूसरा अच्छाई का, मनुष्य जिसको ज़्यादा खुराक देता जाता है, वही जीतता जाता है।

༄

हर धर्म यही कहता है की इस संसार में कभी दूसरों के लिए करके तो देखो, ख़ुद के लिए करने की ज़रूरत ही नहीं पड़ेगी।

༄

हर धर्म यही कहता है की इस संसार में रिश्ता होने से रिश्ता नहीं बनता, बल्कि रिश्ता निभाने से रिश्ता बनता है।

༄

हर धर्म यही कहता है की इस संसार में मनुष्यों का अपने अंदर ख़ुशी ढूँढना आसान नहीं है, और कहीं और इसे ढूँढना संभव नहीं है।

༄

हर धर्म यही कहता है की इस संसार में अपने मन को कैकेयी होने से बचाइए क्योंकि जब मन कैकेयी हो जाता है तो कान भरने के लिए कोई ना कोई मंथरा ज़रूर मिलती है।

༄

हर धर्म यही कहता है की इस संसार में मनुष्य अपने शरीर की हर बीमारी के लिए औषदि बना सकता है लेकिन जब तक वह अपनी ज़ुबान की कड़वाहट के लिए कोई औषदि नहीं बनाएगा, तब तक उसकी समस्यायें खत्म नहीं होगी।

❧

हर धर्म यही कहता है की इस संसार में एक 'माटी' का दिया सारी रात अंधियारे से लड़ता है, तू तो 'भगवान' का दिया है तू किस किस बात से डरता है।

❧

हर धर्म यही कहता है की इस संसार में केवल उनके साथ ही मत रहिए जो आपको ख़ुश रखते हैं, थोड़ा समय उनके साथ भी रहिए जो आपको देखकर ख़ुश होते हैं।

❧

हर धर्म यही कहता है की इस संसार में 'छत' को 'छत' होने का, गुरुर नहीं करना चाहिए क्यूंकि जैसे ही उसपे एक मंज़िल और बनी तो 'छत' फर्श हो जाएगी।

❧

हर धर्म यही कहता है की इस संसार में किसी मनुष्य को डर है कि, ईश्वर देख रहा है और किसी को भरोसा है कि, ईश्वर देख रहा है।

❧

हर धर्म यही कहता है की इस संसार में पंछी कभी अपने बच्चों के भविष्य के लिए घोंसले बनाकर नहीं देते, वे तो उन्हें बस उड़ने की कला सिखाते हैं।

❧

हर धर्म यही कहता है की इस संसार में सहनशीलता कमजोरी की नहीं, अपितु मजबूती की निशानी है, जैसे भगवान श्री राम ने तीन दिन तक समुद्र की विनती करके अपनी मजबूती का प्रमाण दिया था।

❧

हर धर्म यही कहता है की इस संसार में मनुष्य दुनिया से लड़ सकता है मगर अपनों से नहीं, क्योंकि अपनों के साथ उसे जीना, है जीतना नहीं।

❧

हर धर्म यही कहता है की इस संसार में शब्द भी क्या चीज़ हैं, महके तो लगाव, और बहके तो घाव।

❧

हर धर्म यही कहता है की इस संसार में एक मिनट लगता है, रिश्तों का मज़ाक़ उड़ाने में लेकिन हम भूल जाते हैं कि ज़िंदगी रिश्तों से ही सजती-संवरती है।

❧

हर धर्म यही कहता है की इस संसार में परमात्मा सभी को एक ही मिट्टी से बनाता है,बस फर्क इतना है कि कोई "बाहर" से खूबसूरत होता है..तो कोई "भीतर" से।

❧

हर धर्म यही कहता है की इस संसार में चलने वाले पैरों में भी कितना फर्क होता है, एक आगे तो एक पीछे, लेकिन न तो आगे वाले को अभिमान होता है और न ही पीछे वाले का अपमान क्योंकि उन्हें पता होता है कि कुछ ही समय में यह स्थिति बदलने वाली है, इसी को जीवन कहते हैं।

❧

हर धर्म यही कहता है की मानव जीवन में जब समय न्याय करता है तब गवाहों की ज़रूरत नहीं होती।

❧

हर धर्म यही कहता है की इस संसार में मनुष्य जब धन कमाते हैं तो घर में चीजें आती हैं, लेकिन जब किसी की दुआएँ कमाते हैं, तो धन के साथ ख़ुशी, सेहत और प्यार भी आता है।

෨

हर धर्म यही कहता है की इस संसार में प्रशंसा चाहे कितनी भी करो, किंतु अपमान बहुत ही सोच समझकर करना चाहिए, क्योंकि अपमान वह ऋण है, जो हर कोई अवसर मिलने पर ब्याज सहित ज़रूर चुकाता है।

෨

हर धर्म यही कहता है की इस संसार में मनुष्य एक भटका हुआ देवता है, सही दिशा में चल सके तो उससे बढ़कर श्रेष्ठ और कोई नहीं।

෨

हर धर्म यही कहता है की इस संसार में वहाँ तूफ़ान भी हार जाते हैं, जहाँ कश्तियाँ ज़िद पे होती हैं।

෨

हर धर्म यही कहता है की इस संसार में सबसे बेहतरीन नजर वो है, जो अपनी कमियों को देख सके, क्योंकि नींद तो रोज खुलती है, पर आँखे कभी - कभी।

෨

हर धर्म यही कहता है की इस संसार में रिश्तों की सिलाई अगर भावनाओं से हुई हो तो टूटना मुश्किल है और अगर स्वार्थ से हुई है तो टिकना मुश्किल है।

◈

हर धर्म यही कहता है की इस संसार में मनुष्यों को सलाह सबकी सुन्नी चाहिए, पर करना वह चाहिए जिसके लिए आपका साहस और विवेक समर्थन करे।

◈

हर धर्म यही कहता है की इस संसार में मनुष्यों को जीवन में आगे बढ़ना है तो अहंकार, लालच, क्रोध और डर इन चारों को कचरे के डिब्बे में डालना होगा।

◈

हर धर्म यही कहता है की इस संसार में मनुष्य अगर जीवन में शांत रहना सीख ले तो खुद को बहुत मजबूत पायेगा, क्योंकि लोहा ठण्डा रहने पर ही मजबूत रहता है, गर्म होने पर तो उसे किसी भी आकार में ढाल दिया जाता है।

◈

हर धर्म यही कहता है की इस संसार में मनुष्य के जीवन में समस्त बड़ी ग़लतियों की तह में अहंकार ही मूल कारण होता है ।

◈

हर धर्म यही कहता है की इस संसार में सभी मनुष्य चलते तो अपनी चाल से भी तेज हैं, लेकिन कोई अपने समय और भाग्य से आगे नहीं निकल पाया है।

❦

हर धर्म यही कहता है की इस संसार में मनुष्य जीवन में शिक्षा और संस्कार ज़िंदगी जीने के मूल मंत्र हैं, शिक्षा कभी झुकने नहीं देगी और संस्कार कभी गिरने नहीं देंगे।

❦

हर धर्म यही कहता है की मानव जीवन में प्रतिद्वंदी द्वारा की गई प्रशंसा सर्वोत्तम कीर्ति है।

❦

हर धर्म यही कहता है की इस संसार में अच्छे लोगों का हमारी जिन्दगी में आना हमारा सौभाग्य है और उन्हें संभालकर रखना हमारी योग्यता है।

❦

हर धर्म यही कहता है की इस संसार में मनुष्यों को अपना दिल सागर जैसा रखना चाहिए तभी नदियाँ खुद ब खुद मिलने आएँगी।

❦

हर धर्म यही कहता है की इस संसार में जिस मनुष्य की मन की सोच सुंदर होती है उसे सारा संसार सुंदर लगता है।

❦

हर धर्म यही कहता है की इस संसार में अगर मनुष्य सपनों की एक समयसीमा तय कर ले तो वही उसका लक्ष्य बन जाती है।

❦

हर धर्म यही कहता है की इस संसार में यदि मनुष्यों में स्वीकार करने की हिम्मत और सुधार करने की नियत हो तो इंसान बहुत कुछ सीख सकता है।

❦

हर धर्म यही कहता है की इस संसार में किसी भी मनुष्य की ज़िंदगी आसान नहीं होती किन्तु वह इसे आसान बना सकता है, कुछ अन्दाज़ से तो कुछ नज़रंदाज़ से।

❦

हर धर्म यही कहता है की इस संसार में किसी भी मनुष्य के लिए सबसे ज़्यादा फ़ायदे का सौदा बुजुर्गों के पास बैठना है क्यूंकि चंद लम्हों में वो आपको बरसों का तजुर्बा दे देते हैं।

❦

हर धर्म यही कहता है की इस संसार में सौभाग्यशाली होते हैं वो लोग जिन्हें 'समय' और 'समझ' एक साथ मिलती है, क्योंकि अक्सर 'समय' पर 'समझ' नहीं आती, और जब 'समझ' आती है तो 'समय' हाथ से निकल जाता है।

❧

हर धर्म यही कहता है की इस संसार में यदि हंसते रहोगे तो दुनिया साथ है, वरना आंसुओं को तो आँखों में भी जगह नहीं मिलती।

❧

हर धर्म यही कहता है की इस संसार सभी मनुष्यों के जीवन में संघर्ष प्रकृति का आमंत्रण है, जो स्वीकार करता है वही आगे बढ़ता है।

❧

हर धर्म यही कहता है की इस संसार में सिर्फ दिल ही है,जो बिना आराम किये काम करता है, इसलिए उसे खुश रखो, चाहे वो अपना हो या अपनों का।

❧

हर धर्म यही कहता है की इस संसार में इस खोज में मत उलझो कि भगवान हैं या नहीं, खोज यह रखो कि हम खुद इंसान हैं या नहीं।

❧

हर धर्म यही कहता है की इस संसार में जो सौभाग्य से प्राप्त होता है, उसे सात पीढ़ियाँ भोगती हैं। जो बेईमानी से हासिल किया जाता है, उसे सात पीढ़ियाँ भुगतती हैं।

❦

हर धर्म यही कहता है की मानव जीवन में केवल उम्मीद ही एक ऐसी ऊर्जा है जिससे ज़िंदगी का कोई भी अंधेरा रोशन किया जा सकता है।

❦

हर धर्म यही कहता है की मानव जीवन में बादशाह तो वक्त होता है, इंसान तो बस यूँ ही गुरूर करता है।

❦

हर धर्म यही कहता है की इस संसार में मनुष्यो को मीठा बोलना, झुककर चलना, सबसे स्नेह करना सीखना चाहिए।

❦

हर धर्म यही कहता है की इस संसार में घमंड किसी का भी नहीं रहता, टूटने से पहले गुल्लक को भी यही लगता है, कि सारे पैसे उसी के हैं।

❦

हर धर्म यही कहता है की इस संसार में साँप घर पे दिखाई दे तो लोग डंडो से मारते है और शिवलिंग पर दिखाई दे तो दूध पिलाते है।लोग

सम्मान आपका नहीं, आपकी स्थिति और स्थान का करते है।

❧

हर धर्म यही कहता है की इस संसार में ताक़त और पैसा ज़िंदगी के फल हैं, परिवार और मित्र ज़िंदगी की जड़ हैं।

❧

हर धर्म यही कहता है की इस संसार में मनुष्यों को यह स्मरण रखना चाहिए की जो हृदय से दिया जा सकता है वो हाथ से नहीं..और मौन से जो कहा जा सकता है वो शब्द से नहीं।

❧

हर धर्म यही कहता है की इस संसार में कोई भी मनुष्य किसी की मुस्कुराहट की वजह बनें या ना बनें लेकिन उसे किसी के दर्द की वजह कभी नहीं बननी चाहिए।

❧

हर धर्म यही कहता है की इस संसार में कसी भी मनुष्य की नाम और पहचान भले ही छोटी हों, मगर खुद की होनी चाहिए।

❧

हर धर्म यही कहता है की इस संसार में ऐसा क्यों होता है की लोग रिश्ते छोड़ देते हैं लेकिन ज़िद नहीं छोड़ते।

❧

हर धर्म यही कहता है की इस संसार में किसी भी मनुष्य की जीभ कभी नहीं फिसलती है, हमेशा याद रखें।मस्तिष्क में जो चल रहा है, वो जीभ पर आता ही है।

❧

हर धर्म यही कहता है की इस संसार में यदि मनुष्यों को शानदार रिश्ते चाहिए तो उन्हें गहराई से निभाइए, लाजवाब मोती कभी किनारों पर नहीं मिलते।

❧

हर धर्म यही कहता है की इस संसार में लोग कीचड़ से बचकर चलते हैं कि कहीं कपड़े ख़राब ना हो जायें इसीलिए कीचड़ को झूठा घमण्ड हो जाता है कि लोग उससे डरते हैं।

❧

हर धर्म यही कहता है की इस संसार में मनुष्यों के जीवन में बहुत सौदे होते हैं किन्तु सुख बेचने वाले और दुःख ख़रीदने वाले नहीं मिलते।

❧

हर धर्म यही कहता है की इस संसार में भरोसा करो मगर किसी के भरोसे मत बैठो।

෧

हर धर्म यही कहता है की इस संसार में मनुष्यों के लिए बुरी खबर ये है कि समय उड़ता है, अच्छी खबर ये है कि आप इसके संचालक हैं।

෧

हर धर्म यही कहता है की इस संसार में मनुष्यों का खूबसूरत होना अच्छा है पर अच्छा होना और भी खूबसूरत है।

෧

हर धर्म यही कहता है की इस संसार में मनुष्यों के जीवन के सफ़र में ऐसा अक्सर होता है की जो फ़ैसला मुश्किल हो वही बेहतर होता है।

෧

हर धर्म यही कहता है की इस संसार में मनुष्यों की ज़िंदगी बहुत छोटी है इसे जितना हो सके हंसकर जियो, क्योंकि लौटकर यादें आतीं हैं, वक्त नहीं।

෧

हर धर्म यही कहता है की इस संसार में संभव और असंभव के बीच की दूरी व्यक्ति के निश्चय पर निर्भर करती है।

❦

हर धर्म यही कहता है की इस संसार में मनुष्यों को समस्या के बारे में सोचने से बहाने मिलते हैं, समाधान के बारे में सोचने पर रास्ते मिलते हैं।

❦

हर धर्म यही कहता है की इस संसार में जो मनुष्य कभी संघर्ष से परिचित नहीं होता, इतिहास गवाह है वो कभी चर्चित नहीं होता।

❦

हर धर्म यही कहता है की इस संसार में मनुष्य को "हमेशा छोटी छोटी गलतियों से बचने की कोशिश करनी चाहिए क्योंकि इन्सान पहाड़ो से नहीं पत्थरों से ठोकर खाता है।

❦

हर धर्म यही कहता है की इस संसार में मनुष्य के मन में जो है साफ़ – साफ़ कह देना चाहिए क्योकि इस दुनिया में सच बोलने से फैसले होते है और झूठ बोलने से फासले।

❦

हर धर्म यही कहता है की इस संसार में कुछ मनुष्यों में ये क़ाबिलियत होती है, आप कितनी भी अच्छी बात कहें, वो उसमें बुराई ढूँढ ही लेते हैं इसीलिए आप अपना ध्यान रखें।

હર ધર્म यही कहता है की इस संसार में उम्मीद कभी किसी को छोड़कर नहीं जाती, जल्दबाज़ी में लोग ही उसे छोड़ देते हैं।

हर धर्म यही कहता है की इस संसार में भीड़ हमेशा उस रास्ते पर चलती है जो रास्ता आसान लगता है, लेकिन इसका मतलब यह नहीं कि, भीड़ हमेशा सही रास्ते पर चलती है। आप अपने रास्ते ख़ुद चुनिए, क्योंकि आपको आपसे बेहतर कोई नहीं जानता।

हर धर्म यही कहता है की इस संसार में जब तक हम एक दूसरे की मदद करते रहेंगे, तब तक कोई भी नहीं गिरेगा चाहे व्यापार हो, परिवार हो या फिर समाज।

हर धर्म यही कहता है की इस संसार में सभी मनुष्यों को भाग्य के दरवाज़े पर सर पीटने से ज्यादा, अपने कर्मों का तूफान पैदा करने की आवश्यकता है, केवल ऐसा करने से ही भाग्य के दरवाज़े खुलेंगे।

हर धर्म यही कहता है की इस संसार में शब्द और दिमाग़ से दुनिया जीती जाती है, दिल तो आज भी दिल से ही जीता जाता है।

෧෮

हर धर्म यही कहता है की इस संसार में सबसे भाग्यवान वही है, जिसके पास भोजन के साथ भूख है, बिस्तर के साथ नींद है और धन के साथ धर्म है।

෧෮

हर धर्म यही कहता है की मानव जीवन में जब मनुष्य का मन कमजोर होता है तब उसकी परिस्थितियां समस्या बन जाती हैं। जब मन स्थिर होता है तब परिस्थितियां चुनौती बन जाती हैंऔर जब मन मजबूत होता है तो परिस्थितियां अवसर बन जाती हैं।

෧෮

हर धर्म यही कहता है की इस संसार में मनुष्य को हमेशा दीपक सी तासीर रखनी चाहिए वो भी बिना यह देखे की उससे घर किसका रोशन हुआ।

෧෮

हर धर्म यही कहता है की इस संसार में किसी मनुष्य का दूसरे मनुष्य के लिए परवाह करना ही यह दर्शाता है की उसे दूसरे व्यक्ति का ख़्याल कितना है। वरना कोई तराजू नहीं होता रिश्तों में।

❧

हर धर्म यही कहता है की इस संसार में इज़्ज़त तो सबको ही चाहिए लेकिन लोग वापस देना भूल जाते हैं।

❧

हर धर्म यही कहता है की इस संसार में भगवान से कुछ माँगना ही है, तो हमेशा अपनी माँ के सपने पूरे होने की दुआ माँगना, तुम ख़ुद ब ख़ुद आसमान की ऊँचाइयाँ छू लोगे।

❧

हर धर्म यही कहता है की इस संसार में कोई काफ़ी अकेला है, और कोई अकेला ही काफ़ी है।

❧

हर धर्म यही कहता है की इस संसार में मनुष्य को अपने बुरे समय में भगवान और समय दोनों पर विश्वास रखना चाहिए, क्योंकि समय कोयले को भी हीरा बना देता है और भगवान रंक को भी राजा।

❧

हर धर्म यही कहता है की इस संसार में मनुष्य को जो अच्छा लगे उसे वह ग्रहण करना चाहिए, और जो बुरा लगे उसका त्याग करना चाहिए। फिर चाहे वह विचार हो, कर्म हो, या मनुष्य।

❧

हर धर्म यही कहता है की इस संसार में मनुष्य की पहचान बड़े लोगों से नहीं समय पर साथ देने वालों से होनी चाहिए।

❧

हर धर्म यही कहता है की इस संसार में मनुष्य को यह स्मरण रखना चाहिए की जब वह ऊँचाइयों की सीढ़ियाँ चढ़ रहा हों तो उसे पीछे छूटे लोगों से बहुत अच्छा व्यवहार करना चाहिए, क्योंकि उतरते समय वही लोग उसे रास्ते में फिर मिलेंगे।

❧

हर धर्म यही कहता है की इस संसार में भगवान से भी बड़े माता पिता होते हैं, क्योंकि भगवान सुख दुःख दोनों देते हैं परंतु माता पिता सिर्फ़ सुख देते हैं।

❧

हर धर्म यही कहता है की इस संसार में मनुष्य द्वारा किसी बच्चे को उपहार ना दिए जाएँ तो वो थोड़ी देर रोएगा, और अगर संस्कार ना दिए जाएँ तो जीवन भर रोएगा।

❧

हर धर्म यही कहता है की इस संसार में कौन हिसाब रखे किसको कितना दिया और किसने कितना बचाया इसलिए ईश्वर ने आसान गणित लगाया सबको खाली हाथ भेज दिया खाली हाथ ही बुला लिया।

❧

हर धर्म यही कहता है की इस संसार में समझदार मनुष्य अपने कठिन समय में रास्ता खोजता है, और कमज़ोर व्यक्ति बहाना।

❧

हर धर्म यही कहता है की इस संसार में सबसे कठिन आसन है 'आश्वासन' सबसे लम्बा श्वास है 'विश्वास' सबसे कठिन योग है 'वियोग' और सबसे अच्छा योग है 'सहयोग'

❧

हर धर्म यही कहता है की इस संसार में किसी मनुष्य का मन में उतरना' और 'मन से उतरना' केवल आपके व्यवहार पर निर्भर करता है।

❧

हर धर्म यही कहता है की इस संसार में इंसान एक दुकान है, और ज़ुबान उसका ताला, ताला खुलता है, तभी मालूम चलता है कि दुकान सोने की है या कोयले की।

⌚

हर धर्म यही कहता है की इस संसार में मानव जीवन में उसके आज से बेहतर उसके लिए कुछ भी नहीं, क्योंकि उसका कल कभी आएगा नहीं और आज कभी जायेगा नहीं।

⌚

हर धर्म यही कहता है की इस संसार में मनुष्य को दुनिया के रैन बसेरे में पता नहीं कितने दिन रहना है, इसीलिए सबके दिलों को जीत लो, यही जीवन का गहना है।

⌚

हर धर्म यही कहता है की मानव जीवन में उसके एक सपने के टूटकर चकनाचूर हो जाने के बाद उसका दूसरा सपना देखना, इसी हौसले को ज़िंदगी कहते हैं।

⌚

हर धर्म यही कहता है की इस संसार में मनुष्य का उसके एक सपने के टूटकर चकनाचूर हो जाने के बाद उसका दूसरा सपना देखना, इसी हौसले को ज़िंदगी कहते हैं।

⌚

हर धर्म यही कहता है की इस संसार में मनुष्य को अपने जीवन की तुलना किसी के साथ नहीं करनी चाहिए। जैसे 'सूर्य' और 'चंद्रमा' के बीच कोई तुलना नहीं, जब जिसका वक़्त आता है तब वो चमकता है।

❧

हर धर्म यही कहता है की इस संसार में मनुष्य के मुँह के घाव सबसे जल्दी भरते हैं लेकिन मुँह से बोले गए शब्दों के घाव सबसे ज़्यादा देर में भरते हैं।

❧

हर धर्म यही कहता है की इस संसार में जिन्हे अपना होना होता है वह खुद ही 'अपने' हो जाते हैं, किसी को कहकर 'अपना' बनाया नहीं जाता।

❧

हर धर्म यही कहता है की इस संसार में बहुत दूर तक जाना पड़ता है सिर्फ़ यह जानने के लिए कि नज़दीक कौन है।

❧

हर धर्म यही कहता है की इस संसार में मनुष्य की वाणी और उसके विचार यह दोनों जितने अच्छे होंगे, उसे उतना ही ज्यादा सफलता प्राप्त होगी।

❦

हर धर्म यही कहता है की इस संसार में जो मनुष्य ज़िंदगी की रेस में आपको 'दौड़कर' नहीं हरा पाते, वही आपको 'तोड़कर' हराने की कोशिश करते हैं।

❦

हर धर्म यही कहता है की इस संसार में मानव जीवन में रिश्तों में झुकना ग़लत नहीं है क्यूंकि देखा जाए तो सूरज भी तो चाँद के लिए ढल जाता है।

❦

हर धर्म यही कहता है की इस संसार में जो रास्ता ईश्वर ने आपके लिए खोला है उसे कोई भी बंद नहीं कर सकता।

❦

हर धर्म यही कहता है की इस संसार में किसी व्यक्ति का मौन रहना उसकी कमजोरी नहीं उसका बड़प्पन है, वरना जिसको सहना आता है, उसको कहना भी आता है।

❦

हर धर्म यही कहता है की इस संसार में कोई भी मनुष्य सर्वगुण सम्पन्न नहीं होता, इसलिए कुछ कमियों को नज़रंदाज़ करके रिश्तों को बनाये रखना चाहिए।

♾

हर धर्म यही कहता है की इस संसार में मनुष्यों के लिए कमाई की कोई निश्चित परिभाषा नहीं होती है क्यूंकि अनुभव, रिश्ते, मान सम्मान और अच्छे मित्र सभी कमाई के रूप हैं।

♾

हर धर्म यही कहता है की इस संसार में मनुष्यों का रोटी कमाना बड़ी बात नहीं, रोटी परिवार के साथ खाना बड़ी बात है।

♾

हर धर्म यही कहता है की इस संसार में मनुष्यों को अपने घर का दरवाज़ा छोटा ही रखना चाहिए क्यूंकि जो झुक के आ गया समझो वही अपना है।

♾

हर धर्म यही कहता है की इस संसार में लोग ज़रा सी बात पर आपको छोड़ देते हैं, और ईश्वर ज़रा सी प्रार्थना से आपको थाम लेते हैं।

♾

हर धर्म यही कहता है की इस संसार में मनुष्य को यह स्मरण रखना चाहिए की समय, हर समय को बदल देता है! सिर्फ़ समय को, थोड़ा समय दीजिए।

৶

हर धर्म यही कहता है की इस संसार में मनुष्यों का बाद में पछतावा करने से अच्छा है, एक बार जी जान लगाकर कोशिश कर ली जाए।

৶

हर धर्म यही कहता है की इस संसार में मनुष्यों क सामने अगर मुश्किल आये तो उसे यह कहते हुए टाल देना चाहिए की - "मंज़िल से ज़रा कह दो अभी पहुँचा नहीं हूँ मैं, मुश्किलें ज़रूर हैं मगर ठहरा नहीं हूँ मैं"

৶

हर धर्म यही कहता है की इस संसार में मनुष्यों को एक दूसरे के मन का दरवाज़ा खटखटाते रहना चाहिए ताकि मुलाक़ातें ना सही आहटें तो आती रहेगी।

৶

हर धर्म यही कहता है की इस संसार में इंसान जन्म के 2 वर्ष बाद बोलना सीख जाता है। लेकिन बोलना क्या है, यह सीखने में पूरा जन्म लग जाता है।

৶

हर धर्म यही कहता है की इस संसार में समय, विश्वास और सम्मान, ये ऐसे पक्षी हैं..! जो उड़ जाएँ तो वापस नहीं आते।

❧

हर धर्म यही कहता है की इस संसार में सभी मनुष्य नींद में सपने देखते हैं, लेकिन ईश्वर उन्हें हर दिन नींद से जगाकर उन सपनों को पूरा करने का एक मौक़ा देते हैं। इसीलिए हमें रोज़ भगवान का धन्यवाद करना चाहिए।

❧

हर धर्म यही कहता है की इस संसार में मनुष्यों को यह सदैव स्मरण रखना चाहिए की विश्वास और ईमानदारी इंसान की अमूल्य धरोहर है।

❧

हर धर्म यही कहता है की इस संसार में मनुष्य जब मुसीबत में फँस जाता है तब उसे गृह दोष , वास्तु दोष , पितृ दोष , शनि दोष , कालसर्प दोष सब दिखाई देने लगते हैं, केवल खुद का दोष दिखाई नहीं देता।

❧

हर धर्म यही कहता है की इस संसार में अगर दूसरों की मदद करते हुए आपके दिल में ख़ुशी हो तो वही सेवा है, बाक़ी सब दिखावा है।

◦⌒◦

हर धर्म यही कहता है की इस संसार में मनुष्य अपने विश्वास से निर्मित होता है, जैसा वो सोचता है, वैसा वो बन जाता है।

◦⌒◦

हर धर्म यही कहता है की इस संसार में इच्छा शक्ति के बिना प्रतिभा का कोई महत्व नहीं होता।

◦⌒◦

हर धर्म यही कहता है की इस संसार में कोई भी मनुष्य मोह में बुराइयां नहीं देख पाता और घृणा में वह अच्छाइयां नहीं देख पाता।

◦⌒◦

हर धर्म यही कहता है की इस संसार में जिसके पास उम्मीद है वह हारकर भी नहीं हारता।

◦⌒◦

हर धर्म यही कहता है की इस संसार में मनुष्यों के जीवन में जिस दरवाज़े से 'शक' अन्दर प्रवेश करता है, 'प्यार' और 'विश्वास' उसी दरवाज़े से बाहर निकल जाते हैं।

❧

हर धर्म यही कहता है की इस संसार में मनुष्यों की कीमत इसमें है कि वो क्या हैं, इसमें नहीं कि उसके पास क्या है।

❧

हर धर्म यही कहता है की इस संसार में मनुष्य के लिए बुरी संगत उस कोयले के समान है, जो गर्म हो तो हाथ जला देता है और ठंडा हो तो हाथ काले कर देता है।

❧

हर धर्म यही कहता है की इस संसार में हर व्यक्ति किसी ना किसी बात में किसी दूसरे व्यक्ति से बेहतर होता है और हमें उस से वेज बात सीख लेनी चाहिए।

❧

हर धर्म यही कहता है की इस संसार में जीतते वही हैं जो हर परिस्थिति में उम्मीद का दामन थाम कर चलते हैं।

❧

हर धर्म यही कहता है की इस संसार मं यदि मनुष्य को सफल होना है तो उसे यह बात हमेशा ध्यान रखनी चाहिए की उसे गैरों पर भरोसा नहीं करना चाहिए क्यूंकि आपको चलना तो अपने ही पैरो पर है।

❧

हर धर्म यही कहता है की इस संसार में आप भलाई करते रहिए बहते पानी की तरह, बुराई खुद ही किनारे लग जाएगी कचरे की तरह।

ೞ

हर धर्म यही कहता है की इस संसार में जीवन का सबसे बड़ा उपयोग इसे किसी ऐसी चीज में लगाने में है, जो इसके बाद भी रहे।

ೞ

हर धर्म यही कहता है की इस संसार में मनुष्य को उपवास अन्न के साथ-साथ लोभ, लालच, चुगली, काम, क्रोध, बुरे विचारों का भी होना चाहिए।

ೞ

हर धर्म यही कहता है की इस संसार में जब आप खुद को तराशते हैं, तब दुनिया आपको तलाशती है।

ೞ

हर धर्म यही कहता है की इस संसार में मनुष्य को रिश्ते चन्दन की तरह रखने चाहिए ताकि चाहे टुकड़े हजार भी हो जाएं पर सुगंध ना जाए।

ೞ

हर धर्म यही कहता है की इस संसार में मनुष्य को यह ध्यान रहे की कहीं वह केवल घड़ी को देखते रहने से कुछ नहीं होगा, बल्कि आपको वो करना पड़ेगा जो घड़ी करती है, लगातार चलते रहना।

❧

हर धर्म यही कहता है की इस संसार में ईश्वर से बेहतर दोस्त हो ही नहीं सकता।

❧

हर धर्म यही कहता है की इस संसार मनुष्य यदि दिल से फैसला करें की उसे क्या करना है तो उसका दिमाग अपने आप तरकीब निकाल लेगा।

❧

हर धर्म यही कहता है की इस संसार में दो ही चीजें ऐसी हैं जिन्हें देने से किसी का कुछ नहीं जाता, एक मुस्कुराहट और दूसरी दुआ, इन्हें जितना बाटेंगे, उतनी ही ज़्यादा आपको मिलेंगे।

❧

हर धर्म यही कहता है की इस संसार में जब तक मनुष्य अपने डर को लेकर जियेगा तब तक वह अपने सपनो को नहीं जी पायेगा।

❧

हर धर्म यही कहता है की इस संसार में किसी का सरल स्वभाव उसकी कमज़ोरी नहीं, बल्कि उसके मां बाप के के दिए हुए संस्कार होते हैं।

૭

हर धर्म यही कहता है की इस दुनिया में सबसे अधिक कोई बलवान है तो वो है इच्छाशक्ति। दुनिया की हर चीज इसके माध्यम से तुम्हें मिल सकती है। चाह होगी तो राह अपने आप मिल जाएगी।

૭

हर धर्म यही कहता है की इस दुनिया में हर मनुष्य के लिए वक़्त वही है, चाहो तो वह उस वक़्त में सोना बना ले, या तो सोने में गुजार दे।

૭

कमाल का ताना दिया, आज मंदिर में भगवान ने- "मांगने ही आते हो, कभी मिलने भी आया करो"

૭

हर धर्म यही कहता है की मानव जीवन में जब बचपन के खेल ख़त्म हो जाते हैं उसके बाद फिर किस्मत के खेल शुरू होते है।

૭

हर धर्म यही कहता है की इस संसार में मनुष्य को यह स्मरण रखना चाहिए की उसके जीवन में उसकी ज़िन्दगी अचानक कहीं से भी अच्छा मोड़ ले सकती है इसीलिए मनुष्य को कभी मायूस नहीं होना चाहिए।

∽

हर धर्म यही कहता है की इस संसार में जरूरी ये नहीं कि आपकी उम्र क्या है, जरूरी ये है, कि आप किस उम्र की सोच रखते हो।

∽

हर धर्म यही कहता है की इस संसार में तुम अपने आप को भगवान को अर्पित करो यही सबसे उत्तम सहारा है। जो इसके सहारे को जानता है वह भय, चिंता और शोक से सर्वदा मुक्त है।

∽

हर धर्म यही कहता है की इस संसार में उन्हें ख़ुशबू अपने आप मिल जाती है जो फूलों की खेती करते हैं।

∽

हर धर्म यही कहता है की इस संसार में किसी शान्त और विनम्र व्यक्ति से अपनी तुलना करके देखिए, आपको लगेगा कि आपका घमंड निश्चित ही त्यागने जैसा है।

∽

हर धर्म यही कहता है की इस संसार में मनुष्य को यह स्मरण रखना चाहिए की उसे नेक इंसान बनने के लिए उतने ही प्रयास करने होंगे जितने वह खूबसूरत बनने के लिए करता है।

◦◦◦

हर धर्म यही कहता है की इस संसार में मनुष्य के जीवन में छोटे-छोटे विचार बड़े बदलाव लाने में सक्षम हैं। जैसे घर से दरवाजा छोटा, दरवाजे से ताला छोटा, ताले से चाबी छोटी... पर छोटी सी चाबी से पूरा घर खुल जाता है।

◦◦◦

हर धर्म यही कहता है की इस संसार में मनुष्य के जीवन में गुरू ज़रूरी है गुरूर नहीं।

◦◦◦

हर धर्म यही कहता है की इस संसार में आंखें भी खोलनी पड़ती हैं रोशनी के लिए महज सूरज निकलने से अंधेरा नहीं जाता।

◦◦◦

हर धर्म यही कहता है की इस संसार में सफल मनुष्यों के मुँह से आप हमेशा कहते सुनेंगे की - 'राह की धूप बड़ी काम आई छाँव होती तो सो गए होते'।

◦◦◦

हर धर्म यही कहता है की इस संसार में यदि मनुष्य देना " शुरू कर दें तो उसके जीवन में आना खुद शुरू हो जाएगा इज्जत भी, दौलत भी।

❧

हर धर्म यही कहता है की इस संसार में यदि आपको मुठ्ठी भर ही चाहिए तो सिकन्दर हो जाओ, पूरा ब्रह्मांड चाहिए तो कबीर हो जाओ।

❧

हर धर्म यही कहता है की इस संसार में जिसकी जैसी दृष्टि उसके लिए वैसी सृष्टि।

❧

हर धर्म यही कहता है की इस संसार में मनुष्यों को उनके चरण मंदिर तक पहुंचाते हैं और उनके आचरण भगवान तक।

❧

हर धर्म यही कहता है की इस संसार में मेहनत का फल और समस्या का हल देर से ही सही पर मिलता जरूर है।

❧

हर धर्म यही कहता है की इस संसार में किसी मनुष्य की 'ताक़त' का अंदाजा लगाया जा सकता है, लेकिन उसके 'हौसलों' का नहीं।

૦૭

हर धर्म यही कहता है की इस संसार में केवल प्यार में ही ताक़त है दुनिया को झुकाने की वरना क्या जरूरत थी रामजी को जूठे बेर खाने की।

૦૭

हर धर्म यही कहता है की इस संसार में आपका लक्ष्य सही होना चाहिए क्योंकि काम तो दीमक भी दिन रात करती है, पर वो निर्माण नहीं विनाश करती है।

૦૭

हर धर्म यही कहता है की इस संसार में सदैव स्मरण रखें की ऐसी कोई मंजिल नहीं है, जहां पहुंचने का कोई रास्ता न हो।

૦૭

हर धर्म यही कहता है की इस संसार बदले की आग दूसरों को कम स्वयं को ज़्यादा जलाती है, इसीलिए किसी से बदला लेने का नहीं अपितु खुद को बदल लेने का विचार ज़्यादा श्रेष्ठ है।

૦૭

हर धर्म यही कहता है की इस संसार में मनुष्य को अपनी बात हमेशा मधुर रखनी चाहिए ताकि अगर कभी वापस भी लेनी पड़े तो खुद को कड़वी ना लगे।

⚘

हर धर्म यही कहता है की इस संसार में मनुष्य को अपनी किस्मत को कभी दोष नहीं देना दीजिए, इंसान के रूप में जन्म मिला है, ये किस्मत नहीं तो और क्या है।

⚘

हर धर्म यही कहता है की इस संसार में त्याग के बिना कुछ भी पाना संभव नहीं, क्योंकि सांस लेने के लिए भी पहले सांस छोड़नी पड़ती है।

⚘

हर धर्म यही कहता है की इस संसार में मीठी ज़ुबान, अच्छी आदतें, अच्छा व्यवहार और अच्छे लोग, हमेशा सम्मानित होते हैं।

⚘

हर धर्म यही कहता है की इस संसार में आपकी आवाज़ ऊँची होगी तो कुछ लोग ही सुनेंगे, लेकिन बात ऊँची होगी तो बहुत लोग सुनेंगे।

⚘

हर धर्म यही कहता है की इस संसार में मनुष्यों को अपने जीवन में हर सम्बन्ध को समय देना चाहिए, क्या पता कल हमारे पास समय हो और सम्बन्ध ना हो।

∞

हर धर्म यही कहता है की इस संसार में दीर्घ आयु के लिए खुराक आधी करें, पानी दोगुना पियें, व्यायाम तीन गुना करें, हंसना चार गुना करें, और भगवान का ध्यान सौ गुना करें।

∞

हर धर्म यही कहता है की इस संसार में एक माटी का दिया भी सारी रात अंधियारे से लड़ता है फिर तू तो भगवान का दिया है तू किस बात से डरता है।

∞

हर धर्म यही कहता है की इस संसार में जब मनुष्य क्रोध से भर जाता है तो उसके लिए कलयुग और जब मनुष्य करुणा से भर जाता है तो सतयुग।

∞

हर धर्म यही कहता है की इस संसार में अगर मेहनत आदत बन जाए तो कामयाबी किस्मत बन जाती है।

∞

हर धर्म यही कहता है की इस संसार में सफल रिश्तों के यही उसूल हैं, वो सब बातें भूलिए जो फ़िज़ूल हैं।

❧

हर धर्म यही कहता है की इस संसार में मनुष्य से भूल तब होती है, जब वह भगवान को भूल जाता हैं।

❧

हर धर्म यही कहता है की इस संसार में मनुष्य की चिन्ता का सबसे अच्छा इलाज उसका भगवान पर भरोसा है।

❧

हर धर्म यही कहता है की इस संसार में रिश्ते अगर दिल में हों तो तोड़ने से भी नहीं टूटते, और अगर दिमाग में हों तो जोड़ने से भी नहीं जुड़ते।

❧

हर धर्म यही कहता है की इस संसार में हारे हुए की सलाह जीते हुए का अनुभव और स्वयं की बुद्धि इंसान को कभी हारने नहीं देते हैं।

❧

हर धर्म यही कहता है की इस संसार में मानव जीवन उस वीणा की तरह है, जिसे मनुष्य अगर ढंग से बजाना सीख जाए तो उसके जीवन

में आनंद ही आनंद है।

॰◦॰

हर धर्म यही कहता है की इस संसार में प्रसन्नता वो औषधि है जो दुनियां के किसी बाजार में नहीं सिर्फ अपने अन्दर ही मिलती है।

॰◦॰

हर धर्म यही कहता है की इस संसार में मनुष्य की जीवन की नैया जब कभी बीच मझधार में फस जाए, तो ईश्वर नाम का केवट ही उसे पार लगाता है।

॰◦॰

हर धर्म यही कहता है की इस संसार में धन से नहीं मन से अमीर बनें, क्योंकि मन्दिर में स्वर्ण कलश भले लगे हों लेकिन नतमस्तक मन्दिर की सीढ़ियों पर ही होना पड़ता है।

॰◦॰

हर धर्म यही कहता है की इस संसार में मनुष्य का मन से झुकना बहुत जरूरी है, केवल सर झुकाने से भगवान नहीं मिलते।

॰◦॰

हर धर्म यही कहता है की इस संसार में ज़िन्दगी बदलने के लिए लड़ना पड़ता है, आसान करने के लिए समझना पड़ता है।

❧

हर धर्म यही कहता है की इस संसार में देश में राजा, समाज में गुरु और परिवार में पिता कभी साधारण नहीं होते, निर्माण और प्रलय दोनों इन्हीं के हाथों में होते हैं।

❧

हर धर्म यही कहता है की इस संसार में इंसान अपने कर्म करने में मनमानी कर सकता है, लेकिन अपने फल भोगने में नहीं।

❧

हर धर्म यही कहता है की इस संसार में सफल होने के लिए सफलता की इच्छा असफलता के भय से अधिक होनी चाहिए।

❧

हर धर्म यही कहता है की इस संसार में दुःख भोगने वाला आगे चलकर सुखी हो सकता है, मगर दुःख देने वाला कभी सुखी नहीं हो सकता।

❧

हर धर्म यही कहता है की इस संसार में हर कोई महान नहीं बन सकता, लेकिन हर कोई इस समय जहां भी है उससे बेहतर अवश्य बन सकता है।

❧

हर धर्म यही कहता है की इस संसार में मनुष्य मोह में बुराइयां नहीं देख पाता और घृणा में वह अच्छाइयां नहीं देख पाता।

❧

हर धर्म यही कहता है की इस संसार में गुण मिले तो गुरु बनाओ चित मिले तो चेला मन मिले तो मित्र बनाओ वरना रहो अकेला।

❧

हर धर्म यही कहता है की इस संसार में शान्ति की इच्छा हो, तो पहले इच्छा को शांत करो।

❧

हर धर्म यही कहता है की इस संसार में मनुष्य को बेहिसाब हसरतें नहीं पालनी चाहिए बल्कि जो मिला है उसे संभालना चाहिये।

❧

हर धर्म यही कहता है की इस संसार में मनुष्य का जल्दी जागना हमेशा ही फायदेमंद होता है, चाहे फिर वो नींद से हो, अहम से हो या वहम से।

❧

हर धर्म यही कहता है की इस संसार में गलतफहमियों के सिलसिले में अक्सर ये होता है, हर ईंट यही सोचती है कि दीवार उसी पर टिकी है।

৽

हर धर्म यही कहता है की इस संसार में लोगों के काम आते रहिए, क्योंकि कुदरत का एक उसूल है, जिस कुएं से लोग पानी पीते रहें वो कभी सूखता नहीं।

৽

हर धर्म यही कहता है की इस संसार में मनुष्य के अंहकार करने पर तीनों गए धन, वैभव और वंश। ना मानो तो देख लो, रावण, कौरव, कंस।

৽

हर धर्म यही कहता है की इस संसार में जीवन वह नहीं है, जो हमें मिला है, जीवन वह है, जो हम बनाते हैं।

৽

हर धर्म यही कहता है की इस संसार में भूल होना " प्रकृति " है, मान लेना " संस्कृति " है, सुधार लेना " प्रगति " है।

৽

हर धर्म यही कहता है की इस संसार में जिस धागे की गाँठे खुल सकती हैं, उस धागे पर कैंची नहीं चलानी चाहिये।

&co;

हर धर्म यही कहता है की इस संसार में मनुष्य को भूलने वालीं सारी बातें याद हैं, इसीलिए उसकी ज़िन्दगी में विवाद है।

&co;

हर धर्म यही कहता है की इस संसार में माना कि बरगद और पीपल जैसे कोई भी विशाल नहीं। किन्तु स्मरण रहे की गमलों में उगने वाली तुलसी भी किसी से कम नहीं।

&co;

हर धर्म यही कहता है की इस संसार में बहुत से लोग जीवन में दुःखों से उबर कर ऊपर आए हैं। जो टूट रहा है वो फिर से उठ सकता है, बस हिम्मत बनाए रखनी चाहिए। जीवन में जब दुःख आते हैं तो हमारे धैर्य की परीक्षा होती है।

&co;

हर धर्म यही कहता है की इस संसार में पैसों पर सिर्फ ज़रूरतें निर्भर होती हैं, खुशियां नहीं। कई लोग ऐसे हैं, जिनके पास बहुत पैसे हैं, पर थोड़ी सी भी खुशी नहीं।

&co;